大樂文化

用一本書詳解實戰 MACD

交易技術

透過 150 張圖表，
投資新手學會 85% 勝率指標，增加賺錢機會

韓雷◎著

大樂文化

Contents

前言
理解 MACD 指標精髓，
冷靜捕捉買賣時機

　　MACD指標是連接重要技術分析思路（趨勢運行規律、多空力量對比等）與短線交易技術（突破、超買超賣等）的橋樑。MACD交易系統是以MACD指標的具體用法為核心，以眾多技術手段和交易策略為輔助的實戰交易系統。

　　在實盤操作中，只運用單一的技術分析方法，無法應對多變的市場環境，建構良好的交易系統才能實現高效投資。

　　好的交易系統有四個特點：一是準確性高，即成功率高；二是決策客觀，能發出相對明確的買賣訊號；三是相容性好，能判斷大趨勢也能分析短期波動；四是應用難度低，即易學易懂且便於掌握。

　　股票交易的困難之處，在於判斷高低點和運行趨勢。MACD既具備移動平均線展示趨勢的特性，還具有指示短期高低點的功能。指標線運行型態、柱線變化、指標的壓力和支撐作用、柱峰出現時間等方面，都有獨特的研判方法，且不失準確性。

　　無論哪一種技術分析方法，單獨使用難免受到局限，往往只能看到市場的局部訊息。綜合應用多種技術分析方法，才能更準確地判斷市場運行方向，把握多空力量轉換，這是建構MACD交易系統時，格外重要的事。

　　交易系統的建構並非一步到位，而是不斷完善的過程，這個過程取決於投資者累積知識和經驗的速度。投資者持續地累積經驗和修正認知，才能建構一個適合自己操作、成效高的交易系統。

　　本書綜合應用多種技術方法，講解如何建構良好的MACD指標實戰交易系統。內容由淺入深，透過大量的案例說明，幫助投資者系統地運用MACD指標進行交易，提高投資勝率。

MACD 指標的基礎知識不難理解，它是在均線的基礎上發展起來。但是，MACD 指標的使用十分靈活。

本章從 MACD 指標的原理、圖形特點、市場特徵等基礎點著手進行講解，為隨後的指標運用打好基礎。

第 **1** 章
熟悉 MACD 的原理、圖形特點及基本用法

1-1　學習 MACD 指標，能快速了解均線系統的變化

　　對於均線來說，短期均線更靈活，中長期均線則更穩定。短期均線與價格走勢最接近，能夠反映市場持倉成本的快速變化，但價格的快速變化往往會增強反向牽引力，促使價格向中期（或中長期）成本靠攏。MACD指標即以此為出發點，透過量化、圖形的方式，呈現價格運動的特性。

快、慢速均線的收斂特徵

　　移動平均線是極為重要的技術分析工具，因其良好的穩定性與指示性，受到廣大投資者的喜愛，包括專業的技術分析師。

　　MACD指標的發明者阿佩爾在對均線的研究中發現，在一波價格上漲或下跌的趨勢中，較短期均線往往迅速脫離較長期的均線，然後在價格走勢趨緩時，兩者又會逐漸聚合。

　　均線系統的這種特性，可以這樣描述：週期較短的均線與週期較長的均線之間呈現出「分離、聚合、再分離」的特徵，也稱為「收斂」。這種收斂特徵，是指市場總是在理性與非理性之間來回切換，中長期持倉成本代表著市場的理性價位區間，當短期價格波動幅度過大時，表明市場處於非理性變動中。

　　一般來說，非理性的價格運動並不能持久，無論是加速上漲，還是加速下跌，勢必有向理性價位區域靠攏的傾向。當價格回歸至理性價位區域後，經過一段時間多方力量（或空方力量）再度累積，市場又將再次獲得脫離中長期持倉成本區域的動力，使得價格再度遠離中長期成本區域。

市場（或個股）的這種運動特徵表現在均線系統上，即短期均線與長期均線之間的分離、聚合、再分離。

例如，在一波上漲走勢中，由於樂觀的上漲情緒湧現，股價加速上漲，這是市場的非理性表現，持續性一般不強，隨著理性的回歸，股價將有一定的回檔。這種情形，即短期均線向上快速運行並遠離中長期均線，隨後又有再度向下靠攏中長期均線的動力。

均線的收斂特性，簡單來說就是，當短期均線與中長期均線黏合在一起時，會有遠離中長期均線的傾向；當短期均線遠離中長期均線後，會有再度靠攏中長期均線的傾向。

MACD 指標的原理與圖形辨識

均線具有的這種收斂特徵是否可以用量化或圖形的方式呈現？如果可以，則短期均線與中長期均線的偏離情況可以直覺呈現，並指導投資者。基於這種考慮，阿佩爾發明一種全新的技術指標──MACD。

在經過大量的測試之後，阿佩爾選取時間週期不同的兩條均線，一條為時間週期相對較長的均線MA26，也稱為慢速均線，一條為時間週期相對較短的均線MA12，也稱為快速均線。透過計算這兩條均線的差值，再輔以一定的數學演算法得到MACD指標，能夠很直觀地反映均線系統的收斂情況。

下頁圖1-1為MACD指標窗口。在指標視窗左上方，可以看到「MACD（12，26，9）」，其中的26、12分別代表指標計算時的慢速均線（26日均線）、快速均線（12日均線）。在得出計算數值後，將每個交易日的指標值連成平滑的曲線，「9」代表進行平滑處理的時間週期為9個交易日。

此外，指標視窗的組合還包括DIFF線、DEA線、柱線。DIFF值也稱為離差值，它是快速平滑均線（EMA1）和慢速平滑均線（EMA2）的差值，其絕對值反映兩條均線之間的收斂情況。

可以把DEA線看作以DIFF值為參數的均線，它可以較為平滑地呈現DIFF值的變化情況，在一定程度上規避DIFF線型態過於突兀的型

圖1-1　　MACD 指標視窗

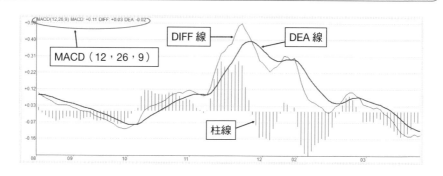

態，使相應的指標線產生平滑效果，就可以更看清相對應指標線的運行趨勢。

當DIFF值為正值時，說明快速均線運行於慢速均線上方；反之，當DIFF值為負值時，說明快速均線運行於慢速均線下方。當DIFF值的絕對值在不斷變大時，表明快速均線正在遠離慢速均線。

柱線（BAR）代表的數值是DIFF值與DEA值之差的兩倍，它將DIFF線與DEA線的分離、聚合情況立體化、形象化。透過觀察柱線的變化，可以清晰地看到DIFF線與DEA線的位置關係。當DIFF線運行於DEA線上方時，代表目前多方力量占優勢；當DIFF線運行於DEA線下方時，代表當前空方力量占優勢。

MACD 指標計算，採用 12 日和 26 日均線

MACD指標只採用簡單的數位加權演算法，指標計算時選取兩條均線：EMA1（時間週期為12日）和EMA2（時間週期為26日），EMA1與EMA2的差值用離差值DIFF來代表。

1. 計算收盤價的平滑移動平均值，分別以12日、26日為平滑週期

EMA1=EMA（收盤價，12）＝〔2×收盤價+（12－1）×上一日的EMA1〕÷（12+1）

EMA2=EMA（收盤價，26）＝〔2×收盤價+（26－1）×上一日的EMA2〕÷（26+1）

透過連接每個交易日的EMA1數值點可得到一條週期為12日的平滑均線，同理得到一條週期為26日的平滑均線。

2. 計算DIFF（離差值）

DIFF=EMA1－EMA2

DIFF的正負反映兩條平滑均線的上下位置關係，DIFF絕對值的大小則反映它們之間的分離程度。

3. 計算DIFF的9日EMA數值

DEA=EMA（DIFF，9）

這是對DIFF值進行平滑處理。

4. 計算MACD數值

MACD=（DIFF－DEA）×2

它是DIFF與DEA差值的2倍，這個數值以柱線的長度呈現，當MACD >0時，柱線位於0軸上方；當MACD <0時，柱線位於0軸下方。

柱線是使用MACD指標時的一個關鍵，因為柱線的變化更直觀、立體，有助於及時把握DIFF線的運動情況。

指標線 DEA 和 DIFF 蘊含的市場線索，該怎麼解讀？

在MACD指標運用中，DIFF線的型態特徵與價格、0軸、DEA線的關係等，是解讀市場多空訊息的核心，想更理解MACD指標，要對DIFF線蘊含的市場含義，先有一個全面、深入的理解。本節介紹DIFF線蘊含哪些市場訊息、從哪些角度來解讀這些資訊。

DEA 線角度變化，反映價格運動的緩急

DEA指標線更為平滑，能夠更好地反映MACD指標的變化趨向。因此，在觀察MACD指標線的型態特徵時，可以使用DEA線。

MACD指標線的角度可以反映價格運動的緩急程度，角度可以用陡峭與平緩來描述。「陡峭」代表指標線的上升（或下降）的傾角相對較大（結合指標的整體型態特徵），「平緩」代表指標線的上升（或下降）的傾角相對較小。指標線越陡峭，價格沿某一方向的波動越急速；指標線越平緩，價格的波動越緩慢。

在關注指標線的角度變化時，應重點注意以下兩方面：

1. 指標線陡峭上升與陡峭下降可能相繼出現，是價格急漲與急跌的反映。

2. 指標線長時間平緩運行後，往往會出現與原方向相反的陡峭變化，是強勢反彈行情（或急速下跌行情）的反映。

圖1-2是海通證券2019年7月至2020年1月走勢圖。圖中標注DEA線的三個時間段，第一個時間段為相對陡峭的上升型態，表明價格快速、

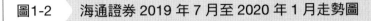

圖1-2　海通證券 2019 年 7 月至 2020 年 1 月走勢圖

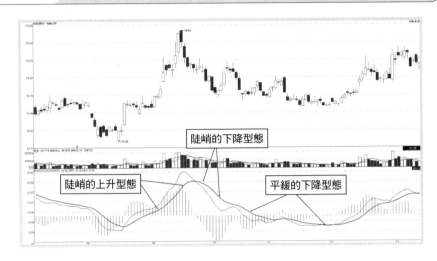

大幅上漲。隨後，指標線以較大的傾角向下運行，是相對陡峭的下降型態，對應價格走勢的快速、深幅下跌。

當DEA線經歷短時間的陡峭下降之後，再向下運行時的角度明顯變得平緩，且持續時間更長，這是多空力量開始趨於均衡的標誌。由於此時的價格累計回檔幅度已經較大，當DEA線再度變得相對陡峭時，方向是向上的。

DIFF 線與價格的關係

一般來說，DIFF線的方向與價格方向相同、走勢同步，在價格大方向剛起步時，如果DIFF線與價格走勢都是穩健地沿同一方向推進，是趨勢持續力較強的標誌，此時不宜逆勢操作。

但是，在一些特殊的位置點，DIFF線也會與價格走勢出現背離。例如，DIFF線開始向下回檔，但同期的價格走勢仍在震盪上漲；或者DIFF線開始上漲，但同期的價格走勢仍在下滑。

如果在大漲或大跌之後出現這種背離，往往是中期價格走向將要逆

> **圖1-3** 法拉電子 2019 年 10 月至 2020 年 4 月走勢圖

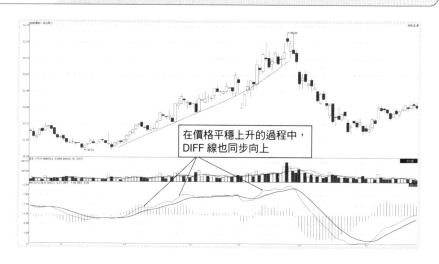

在價格平穩上升的過程中，DIFF 線也同步向上

轉的訊號。但是，在累計漲幅或跌幅不大的情況下，DIFF線與價格之間的不同步並不代表趨勢轉向，只是反映出價格運動過程中，上下波動幅度較為緩和。

圖1-3是法拉電子2019年10月至2020年4月走勢圖。在該股相對穩健的上升過程中，DIFF線同步緩慢上行，期間的運行型態特徵也與價格波動方式相近，這正是DIFF線與價格走勢相對同步的表現。

指標線的波浪特徵

大到股市，小到個股價格，其運動方式都呈現出典型的波動特徵，其型態如同波浪，波浪理論就是以「波浪」來闡述趨勢循環。

對於波浪型態，可以用「波峰」與「波谷」來描述，波峰是一個向上的波浪，而波谷剛好相反，是一個向下的波浪。價格走勢的這種波浪特徵，同樣展現在MACD線的型態上。由於DEA線是對DIFF線的進一步移動平均處理，因此它的波峰與波谷會晚於DIFF線出現，但曲線的平滑效果更好。

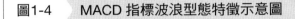

圖1-4　MACD 指標波浪型態特徵示意圖

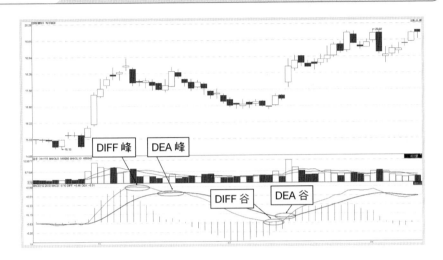

　　圖1-4是MACD指標波浪型態特徵示意圖。可以看到，隨著價格的上下波動，MACD指標也出現明顯的波浪特徵。那麼，我們如何理解指標線的「峰」與「谷」型態？

　　在實盤操作中，應儘量使用DIFF線的峰與谷，而不是DEA線，因為DEA線只是對DIFF線的一種平滑處理，它本身沒有任何市場含義，且明顯滯後於DIFF線。

　　其次，我們要理解DIFF線的峰谷型態所蘊含的市場含義。峰是多方力量開始轉弱、空方力量開始轉強的訊號，代表市場狀態由多方占優勢轉變成空方占優勢，是一種過渡狀態。能否真正過渡成功，還要結合價格走勢來分析。

　　如果DIFF線的峰出現時，正對應一波較大幅度的上漲，並且DIFF線向上遠離0軸（或由0軸下方較遠處向上靠攏0軸），市場短期內就有著較強的反向修正需求。DIFF線的峰型態，很可能預示一波下跌走勢將出現。

　　谷是空方力量開始轉弱、多方力量開始轉強的訊號，代表市場狀態由空方占優勢轉變成多方占優勢，同樣也是一種過渡狀態。如果DIFF線

的谷出現時，正對應一波較大幅度的下跌，並且DIFF線向下遠離0軸（或由0軸上方較遠處向下靠攏0軸），那麼DIFF線的谷型態，很可能預示一波上漲走勢將出現。

DIFF 與 0 軸的關係，為交易提供大方向

無論價格升降，DIFF線總是圍繞著0軸上下波動。0軸可以被看作多空整體力量對比的分水嶺，當DIFF線穩健地運行於0軸上方，即使向下突破0軸也持續很短的時間，這是多方力量占優勢的標誌。

當DIFF線持續運行於0軸下方，很難向上突破並位於0軸上方，這是空方力量占優勢的標誌。在實盤操作中，DIFF線與0軸的位置關係為交易提供大方向，是長空短多來博取反彈行情，還是短空長多得耐心持有。

圖1-5是複星醫藥2019年12月至2020年5月走勢圖。該股長期處於橫向震盪之中，這個價位區並非絕對的低位區，也非中長期的高位區，橫向震盪之後的方向可上可下，如果僅從價格走勢來分析，很難預判隨後的選擇。

但是，如果將DIFF線與0軸的位置關係納入分析範圍，可以得到一個相對可靠的推論：個股隨後向上突破盤整區、步入漲勢的機率更大。這是因為在橫向震盪期間，可以看到DIFF線一直穩健運行於0軸上方，正是多方力量整體占優勢的標誌。操作上，可以逢震盪回檔買進。只要個股不出現明確的跌破下行訊號，就可以耐心持有，等待大機率的突破上漲行情出現。

DIFF 與 DEA 的關係，反映多空誰占優勢

DIFF線與DEA線的關係包括上下位置關係、運行方向關係兩個方面。兩者的位置關係可以反映當前是多方力量占優勢，還是空方力量占優勢。若DIFF線位於DEA線上方，表示短期內多方力量相對較強；若DIFF線位於DEA線下方，則是短期內空方力量相對較強的標誌。

圖1-5　複星醫藥 2019 年 12 月至 2020 年 5 月走勢圖

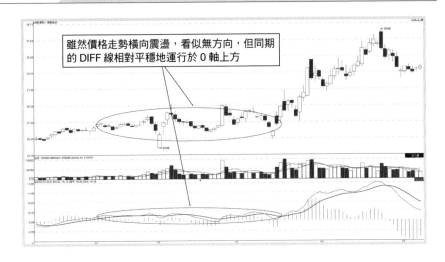

DIFF線與DEA線的方向關係可以反映價格走勢是將要加速，還是整理。兩條線的方向相同，是價格走勢將要沿這個方向加速的訊號；兩條線的方向相反（例如DIFF線向下回檔時，DEA線依舊上行），是價格走勢整理的訊號。

結合以上兩點，以下兩種情況應值得注意：

1. 當DIFF線運行於DEA線下方且保持下行態勢時，表示快速均線有向下遠離慢速均線的傾向，價格走勢易跌難漲。

2. 當DIFF線運行於DEA線上方且保持上行態勢時，表示快速均線有向上遠離慢速均線的傾向，價格走勢易漲難跌。

下頁圖1-6是首開股份2019年7月至10月走勢圖。個股在橫向震盪之中，期間出現DIFF線從DEA線下方轉升至其上方的變化，表示個股由空方力量占優勢轉變為多方力量占優勢。結合當前正處於中長期低位區來看，這種變化預示隨後將出現反轉上漲行情，可以適當買進布局，等待行情出現。

圖1-6　　　首開股份 2019 年 7 月至 10 月走勢圖

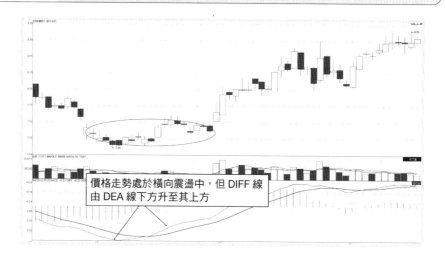

價格走勢處於橫向震盪中，但 DIFF 線
由 DEA 線下方升至其上方

柱線是很靈敏的要件，會顯示行情的加速與修正

　　柱線以鮮明的視覺效果，呈現DIFF線與DEA線距離關係的變化情況，反映DIFF線是在遠離DEA線，還是靠攏DEA線。當DIFF線遠離DEA線，代表短線行情的加速；當DIFF線靠攏DEA線，代表短線行情的修正。但是，這只是它的直接含義。柱線是MACD指標最靈敏的一個要件。

　　本節從柱線的顏色、顏色連續性、縮放、靈敏性、鈍化，以及柱線區面積這六個角度著手，說明如何全面解讀柱線所蘊含的多空訊息。

⊙ 柱線顏色：紅綠柱線的變長與縮短

　　在MACD指標的學習中，一些投資者認為，紅柱線對應著股價上漲，綠柱線對應著股價下跌。似乎出現紅柱線的交易日，K線一定收於陽線，而出現綠柱線的交易日，K線則收於陰線。其實，這是一種錯誤的認識。

　　真實的情況是，紅柱線未必對應著股價上漲，出現紅柱線的交易日股價仍然可能下跌；綠柱線未必對應著股價下跌，出現綠柱線的交易日股價仍然可能上漲。

　　會有這種錯誤理解，是因為投資者並未真正理解柱線的計算方法、市場含義。讓我們回顧一下第13頁MACD指標的計算中，柱線值（即MACD值）演算法：

> MACD＝（DIFF－DEA）×2
>
> 這個數值以柱線的長度呈現，當MACD＞0時，柱線位於0軸上方，為紅色；當MACD＜0時，柱線位於0軸下方，為綠色。

透過柱線數值的計算可以看出，MACD值是DIFF線與DEA線上下距離的兩倍。它反映出DIFF線與DEA線之間的距離關係：MACD絕對值變大，代表DIFF線正遠離DEA線；MACD絕對值變小，代表DIFF線在靠攏DEA線。

在一波上漲（DIFF線位於DEA線上方）後的下跌回檔中，快速均線會向下靠攏慢速均線，DIFF值變小，DIFF線向下靠攏DEA線。由於DIFF值仍然可能大於DEA值，所以柱線可以為紅色，所出現的變化只是MACD值變大，柱線的變化是紅柱線縮短。

同理，在一波下跌（DIFF線位於DEA線下方）後的反彈上漲中，快速均線會向上靠攏慢速均線，DIFF值變大，DIFF線向上靠攏DEA線。但由於DIFF值仍然可能小於DEA值，所以柱線可以為綠色，出現的變化只是MACD值變大（絕對值變小），柱線的變化是綠柱線縮短。

圖1-7是柯利達2020年1月至4月走勢圖。圖中標注兩個時間段，一個是下跌後的反彈，柱線仍然為綠色，但開始縮短；一個是上漲後的回檔，此時柱線仍然為紅色，但開始縮短。

可以說，縮短的紅柱線對應下跌走勢，縮短的綠柱線對應著上漲走勢。至於下跌（或上漲）的力道和持續性，則應結合價格走勢和市場運行綜合分析。

有時不斷縮短的紅柱線最終轉變為綠柱線，且開始進一步變長，這是下跌走勢持續推進的標誌。不斷縮短的綠柱線也可以轉變為紅柱線，且進一步變長，這是上漲走勢持續推進的標誌。

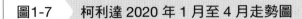

圖1-7　柯利達 2020 年 1 月至 4 月走勢圖

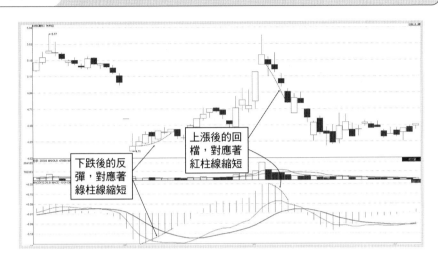

下跌後的反彈，對應著綠柱線縮短

上漲後的回檔，對應著紅柱線縮短

柱線顏色的連續性，呈現多空訊息

當紅柱線或綠柱線連續出現時（一般來說，至少5日），即柱線連續呈現為同一種顏色，例如連續呈現紅色（位於0軸上方）或者綠色（位於0軸下方），表示多方力量整體占優勢（紅柱線連續出現）或空方力量整體占優勢（綠柱線連續出現）。

再結合價格的整體走勢，柱線顏色的連續性更能呈現多空訊息，為交易提供策略指導，逢低買進，還是反彈賣出。以下舉例加以說明。

下頁圖1-8是複星醫藥2020年3月至5月走勢圖。可以看到，個股在長期橫向震盪之後，開始緩慢攀升，此時的柱線顏色為連續紅色，表明多方力量已占據優勢。只要這種多空局面未出現轉變，就中長線操作來說，宜持股待漲。

隨後，價格走勢自高位開始下跌，跌速緩慢、幅度不大，如果僅從價格型態觀察，很難判斷這是上漲途中的短暫回檔，還是預示著中期見頂的行情反轉。但是，利用柱線顏色的變化，多空力量的變化就能一目了然。可以看到，在持續回檔的過程中，柱線顏色已由紅轉綠，且連續

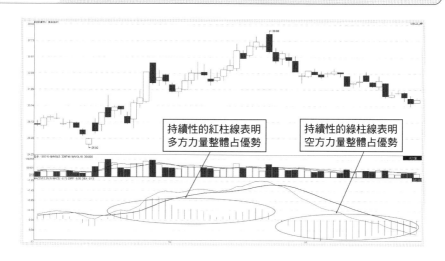

圖1-8　複星醫藥 2020 年 3 月至 5 月走勢圖

（圖中標註）
持續性的紅柱線表明
多方力量整體占優勢

持續性的綠柱線表明
空方力量整體占優勢

性地呈現為綠色，這是空方力量已占據優勢的標誌。操作上，可以持幣
觀望，耐心等待多空力量對比格局的轉變。

柱線的縮放，對應價格漲跌速度

　　隨著一波上漲（或下跌）走勢的展開，柱線也會伸縮。在一波上漲
走勢中，可以看到紅柱線不斷變長（或是綠柱線不斷縮短）；在一波下
跌走勢中，可以看到綠柱線不斷變長（或是紅柱線不斷縮短）。這是柱
線變化與價格漲跌的對應關係。

　　此外，我們還應關注柱線的縮放情況，因為這對應著價格漲跌的速
度與力道。柱線的快速變長（或快速縮短）對應著價格走勢的急速變
化，同樣是一波上漲，急速上漲波段的紅柱線變長力道要遠遠大於緩和
式上漲。

　　圖1-9是中國軟件2019年11月至2020年3月走勢圖。圖中標注兩波上
漲，第一波上漲較為緩和，對應的紅柱線變長也較為緩和，第二波上漲
速度與幅度更大，對應的紅柱線變長效果也更為明顯。

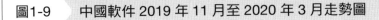

圖1-9　中國軟件 2019 年 11 月至 2020 年 3 月走勢圖

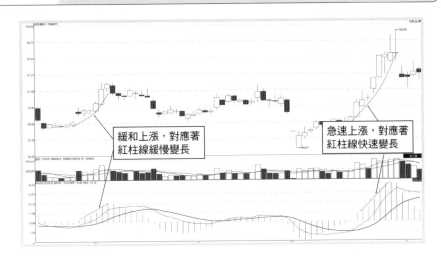

緩和上漲，對應著
紅柱線緩慢變長

急速上漲，對應著
紅柱線快速變長

柱線的靈敏性，把握短期高低點

　　對MACD指標的分析可以從多個角度進行，例如DIFF線的型態、DIFF線與DEA線之間的距離變化、柱線的顏色等，但從這些角度分析都不如從柱線的伸縮變化角度分析。特別是在短期波動幅度較大時，結合價格走勢，利用柱線的伸縮變化，更能把握短期高低點，避免指標訊號遲滯導致錯失機會。

　　一般來說，在價格短期波動較大時，以下兩種柱線伸縮情況值得注意。

1. 在短期快速上漲後的高點

　　若連續兩、三個交易日出現紅柱線縮短的情況，表示多方推升力量開始減弱，應注意隨後可能出現的深幅整理風險。

2. 在短期快速下跌後的低點

　　若連續兩、三個交易日出現綠柱線縮短的情況，表示空方拋售力道

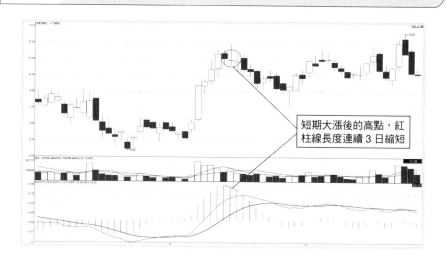

圖1-10　　一汽解放 2020 年 3 月至 5 月走勢圖

短期大漲後的高點，紅
柱線長度連續 3 日縮短

開始減弱，應注意把握隨後可能出現的反彈買進機會。

　　圖1-10是一汽解放2020年3月至5月走勢圖。該股出現一波快速上漲，期間柱線快速變長，但在隨後的運行中，紅柱線長度連續三個交易日縮短，表示可能將出現整理走勢，應注意減倉，規避風險。

柱線的鈍化，價格波動幅度較小

　　柱線長度的變化主要用於反映短期內的價格波動情況，波動幅度大，柱線的縮放特徵明顯，波動幅度較小，則柱線的縮放特徵不明顯，也就是柱線出現鈍化。

　　在趨勢沿著原有方向持續推進的過程中，如果漲勢或跌勢的運動方式較為緩和，應注意柱線的鈍化現象。此時，出現的紅柱線縮短或綠柱線縮短，並不代表多空力量對比格局的變化，也不能做為中短線買賣訊號。

　　圖1-11是法拉電子2019年9月至2020年2月走勢圖。該股脫離盤整區開始步入上升通道後，在起初的上漲行情中，可以看到紅柱線呈現明顯

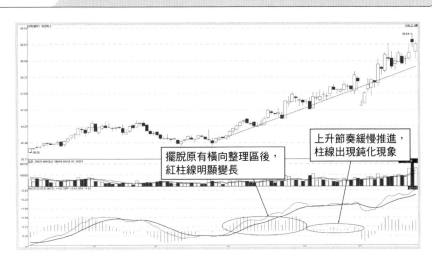

圖1-11　　法拉電子 2019 年 9 月至 2020 年 2 月走勢圖

> 擺脫原有橫向整理區後，
> 紅柱線明顯變長

> 上升節奏緩慢推進，
> 柱線出現鈍化現象

變長狀態，這是因為價格走勢擺脫原有的橫向整理，快速均線開始向上運行。

　　隨著行情的持續，由於上升一直保持不急不緩的節奏，沒有加速也沒有大幅回檔，使慢速均線向上靠攏快速均線，且兩條均線幾乎同速行進，造成兩條均線之間的距離始終保持著較窄的狀態，即柱線始終處於較短的狀態，這就是柱線的鈍化現象。

柱線區面積的變化，預示價格漲跌

　　所謂「柱線區面積」（也稱為柱面區），是指紅柱線區面積與綠柱線區面積。一般來說，紅柱線區面積可視為多方力量大小，綠柱線區面積可視為空方力量大小，可以透過觀察柱線區面積變化預判走勢。

　　在橫向震盪區間，如果紅柱線區面積明顯大於綠柱線區面積，且價格處於中長期低位區（或是前期累計漲幅較小的位置點），隨後的行情向上的機率更大。如果綠柱線區面積明顯大於紅柱線區面積，且價格處於中長期高位區（或是前期累計漲幅較大的位置點），隨後的行情向下

| 圖1-12 | 八方股份 2019 年 11 月至 2020 年 3 月走勢圖 |

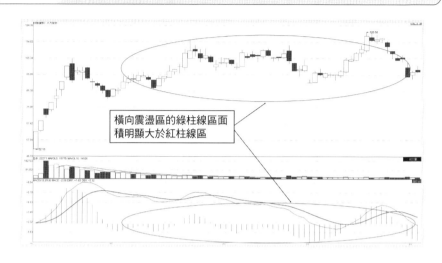

橫向震盪區的綠柱線區區面積明顯大於紅柱線區

的機率更大。

　　圖1-12是八方股份2019年11月至2020年3月走勢圖。該股在大漲之後在高位區橫向震盪，期間的股價重心沒有下移，綠柱線區的面積明顯大於紅柱線區，表明震盪區的空方力量占據優勢。結合價格正處於高位區間來看，震盪後的方向會向下的機率更大。操作上，宜逢震盪高點賣出離場。

1-4　操作波段時，搭配趨勢、量價等方法就賺更多

　　MACD指標是一個適用於長線分析，也適用於短線分析的重要技術指標。指標本身所發出的買賣訊號可以做為交易的參考，若能配合其他技術分析手段，則交易成功率將大大提升。

　　那麼，其他的技術手段是什麼？如何與MACD指標相互配合？這需要搭建一個以MACD指標為核心的交易系統。本節探討搭建MACD交易系統的方法，以供投資者參考。

 看長做短，關注趨勢

　　對於任何技術交易方法，趨勢都是首要關注的重點。趨勢代表著市場的大環境，表現市場當前是處於震盪上漲中還是整體下跌中。實盤操作時，一定要關注趨勢。

　　無論是中長線持股待漲的策略，還是追擊強勢股，或是逢低買進的短線策略，都離不開對趨勢的判斷。一般來說，不同的趨勢運行狀態對應著不同的短線交易策略。

1. 上升趨勢中

　　在投資者熱情較高的市場環境下，可以採取逢回檔買進、布局滯漲股的相對保守操作，也可以採取追漲強勢股、出擊漲停板的相對激進操作。

2. 下跌趨勢中

　　在投資者進場意願較低的市場環境下，宜採取超跌買進、博取反彈

的短線策略，而不是追漲操作。

3. 震盪行情中

市場價格不會普漲共跌，但類股輪動、熱點切換十分頻繁，宜結合市場的熱點不斷換股，可以適當參與追漲，但不宜追漲買進短期漲幅過大的股。

👁️ 量價配合，指標驗證

量價分析是解讀市場多空訊息最有效的技術手段之一，成交量蘊含豐富的市場含義，量能的異動往往先於價格走勢的轉折，典型的放量或縮量型態都包含一定的多空含義。

利用技術指標發出的訊號進行交易時，這些訊號能否得到量價型態的支援，是決定交易成功率高低的關鍵因素。相對地，指標的賣出訊號與預示下跌的量價型態相配合，之後出現一波下跌的機率更大；指標提示的買進訊號與預示上漲的量價型態相配合，隨後出現一波上漲的機率更大。

當量價型態所提示的方向與指標訊號相反時，交易的成功率將大大降低。可以說，充分利用量價型態的提示，再結合指標訊號展開交易，是更為穩當的操作方法。

👁️ 消息的作用，催生題材股

股市是一個對消息敏感的市場，特別是市場預期之外的消息，可以快速形成市場熱點，吸引大量投資者關注，進而直接影響價格漲跌，並催生相關的熱門題材。例如，社會生活中出現某個重大事件，而且這個事件具有較強的持續性、話題性，那麼這個事件就會催生出相應的題材股。

題材股的走勢不能簡單利用技術指標或量價型態來分析，它們往往呈現出較為極端的波動方式，例如連續的漲停板，這時的指標型態和買

賣訊號會出現一定的失真。

因此，在分析這類個股的後期走勢時，更應結合同類題材股的表現情況、個股的短期漲跌幅度、當前所處的長期位置區間、題材的後期持續性等因素，進行綜合分析，而不是過度依賴指標所發出的超買超賣訊號、背離訊號、交叉型態等。

關注主力，制定策略

如果大量仔細查看個股K線走勢就會發現，在大環境業績變化不大的情況下，總有一些個股可以走出獨立於大盤的行情。這類個股或是長線走勢具有獨立性，或是階段走勢具有獨立性，不會隨著大盤指數變化而變化。

個股與個股走勢之間的巨大差異，在排除業績變化的影響之外，往往與主力資金的運作息息相關。

主力是股市中的主導力量，能具有這種能力，與其資金實力相關。雖然個人投資者群體龐大、資金總量也很大，但由於個人投資者的買賣行為分散，無法形成合力，因此只能被動地參與個股，無法制約甚至決定個股的走勢。

主力則不同，主力往往能集中自己的資金於單獨一支或少數幾支個股上。股市是一個資金驅動市場，誰手中握有更多的股票籌碼，誰對個股走勢的影響力就越強。主力是一個籠統的稱呼，包括了多種類型，例如基金、券商、法人、市場大戶、投資機構、大股東、市場游資、民間資本、私募基金等。

對於個人投資者來說，主力類型難以分析，也不必瞭解。個人投資者只需要關注個股走勢特點，結合個股特性，來分析個股是否有主力入駐，以及主力的市場行為，進而跟隨主力制定交易策略。

例如，走勢強於大盤且仍處於低位的個股，很可能有中長線主力運作，個人投資者可以適當採取回檔買進、耐心持有的策略，等待主力後期拉升帶來的可觀利潤。

又如，高位滯漲弱於大盤的個股，其走勢很可能與主力的高位出貨

行為相關，個人投資者應當及時逢高賣出，規避主力出貨後的跌破下行風險。

急速行情的分時運用

短線飆升、短線暴跌的個股，日K線圖上往往會出現連續大陽線，甚至連續漲停板的突破走勢，這時日K線圖上的技術指標呈現就會相對鈍化。如果只從日K線圖著手分析，很有可能錯失追漲買進的時機。

同樣的情況也出現在短線暴跌走勢中，如果從日K線圖著手，很有可能錯失最佳賣出時機。

一般來說，處理極端行情下的個股時，從分時圖著手把握買賣時機是一個更好的選擇。分時圖的技術要素，可以即時呈現多空力量的對比和變化情況。對於短線飆升的強勢股，尋找盤中的追漲買進時機；對於短線暴跌的風險股，尋找盤中的反彈賣出時機。這是兩種有效的短線交易策略。

除了單純使用分時量、分時線型態這種基礎的分時圖技術要素，將技術指標應用於分時圖也是一種較好的方法。以MACD指標為例，它不僅可以用於日K線圖的技術分析，也適用於分時圖的分析。

利用分時圖中的MACD指標型態特徵、多空訊息，可以較好地把握盤中買賣時機，而且在急速行情中，更能好好地把握強勢股與風險股的買賣時機。

多指標之間的互補共振

MACD指標既可以反映趨勢，也可以反映波動。但是，就趨勢而言，它的型態特徵不如均線突出，就波動而言，它的靈敏性不如KDJ等專用於分析盤整行情的擺動類指標。

可以說，一個指標兼具多種特性之後，它的每一種特性在實戰中的作用，往往不如專門的指標更有效，所以投資者在使用指標時應有一個綜合性的思維。

在實戰中，與MACD指標互補作用較好的指標，當屬隨機指標（KDJ）。KDJ主要用於盤整行情，它十分靈敏，可以提前發現市場的超買超賣狀態，正好彌補MACD指標因呈現趨勢性而靈敏度不足的缺點。這有助於在價格波動較快的位置點，幫助投資者更及時、更準確地把握低買高賣時機。

倉位合理調度，短線輕倉參與

包括股市在內的金融市場，是一個高風險的交易場所，一筆交易可能獲利，也可能虧損，但這只是數學統計上的成功機率，並不代表最終的結果。

可以說，即使十筆交易中有九筆獲利，只有一筆虧損，最終的結果也可能是虧損，這也是大多數投資者經常遇到的困難；小賺大虧，多筆獲利填不平一筆虧損。

陷入這種被動局面，一方面與投資者獲利時過早離場、擔心利潤回吐的恐慌心理有關，一方面源於倉位調度的不合理。

對於第一種情況，可以透過累積實戰經驗及遵守實戰紀律來避免。獲利時，要擺正心態，嚴格依據買賣訊號進行交易。對於第二種情況，則需要設計一個合理的倉位調度方法，這也是成功交易系統不可缺少的重要一環。

合理的倉位調度方法並不是千篇一律，但是它一定具有很好的「合理性」。例如，對於趨勢投資者來說，合理的倉位調度方法應該是在獲利時加倉，而且加倉的數量應小於上一次建倉點，因為這是屬於順勢加倉。

如果採取下跌補倉的方法，則屬逆市加倉，一旦趨勢不能反轉，將會重倉迎接下跌行情，潛在的風險顯然大於預期獲利。

對於短線交易來說，合理的倉位調度方法應該是「輕倉參與」，不應該是「重倉出擊」，因為短線交易的風險往往更大。如果重倉出擊，顯然只看到機會而忽略風險，一旦預判錯誤，很可能就會出現大幅虧損。

倉位調度方法多種多樣，不僅要考慮當時的市場環境，也要考慮投資者的交易風格、盈虧預期。它不是一成不變的，投資者應結合自己的交易目標、交易水平及交易風格，綜合考慮並設定。

NOTE   /   /   /

MACD 指標的運用方法有很多種，其中最基礎、最核心的，當屬 MACD 指標線型態的運用。MACD 指標線的運行型態，是其設計原理的直觀呈現，不同特徵的型態有著不同的含義。利用型態特徵，能夠很好地辨識市場及個股多空力量的轉變，進而確定買賣時機。

　　本章從買進時機著手，看看 MACD 指標線的哪些特徵型態，能提示多方力量轉強，或是多方優勢正在擴大，幫助我們把握進場時機。

第 2 章
根據指標線與 0 軸的關係，
觀察型態選對買進時機

2-1 DEA 線穿越 0 軸有 5 種型態要買進，其中 1 種是下穿

在MACD指標中，0軸代表著多空力量的分水嶺，當指標線（指經過平滑處理的DEA線）穩健運行於0軸之上，多方力量占優勢；反之，則空方力量占優勢。

當DEA線穿越0軸時，代表多空力量的快速變化，這種變化是具有持續性，還是將轉折？哪些型態可以做為買進時機的參考？本節從MACD指標線（文中不特別說明時，都指DEA線）穿越0軸的角度，講解哪些型態提示買進時機。

震盪中躍上 0 軸且回穩

在橫向的震盪走勢中，特別是相對低位區的震盪走勢，DEA線由0軸下方躍升至0軸上方，且隨後較長一段時間能夠回穩，同期的價格走勢仍處於震盪之中。這是多方力量轉強且仍在進一步匯聚的標誌，預示價格能向上突破，宜逢震盪回檔時買進。

圖2-1是豫園股份2020年2月至7月走勢圖。該股在低位區經歷一波反彈後，開始橫向震盪，從中長期來看，仍處於明顯的低位區。期間MACD指標線由0軸下方較遠的位置躍升至0軸上方，且隨後長時間回穩。這種指標型態的變化，預示多方力量正在轉強且占據優勢，隨後股價或將突破盤整區，可以逢短線回檔時買進布局。

強勢上穿後回測 0 軸

股價在經歷一輪較為強勢的上漲後，若MACD指標線由0軸下方較

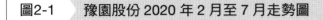

圖2-1　豫園股份 2020 年 2 月至 7 月走勢圖

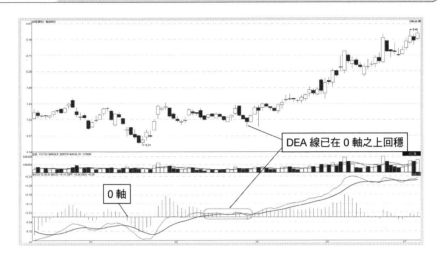

遠位置上升且向上遠離0軸，表明多方力量非常強勁，此時易出現整理
行情。當MACD指標線向下回測0軸時，往往就是整理結束的訊號，新
一輪上漲有望展開，是買進時機。

　　值得注意的是，對於短線連續收於漲停板的火箭式上漲行情，多屬
於熱門題材炒作的結果，不宜使用指標線型態的變化來分析，更應結合
市場熱門題材來把握。

　　下頁圖2-2是信達地產2019年9月至2020年3月走勢圖。該股自中長
期低位區出現一波持續的上漲，使得MACD指標線由0軸之下較遠位置
躍升至0軸之上，且遠離0軸，這是多方力量過度釋放的訊號，彰顯多方
力量的強勁。

　　隨後，當價格走勢經歷長時間的震盪、整理後，MACD指標線開始
向下靠攏0軸，這是震盪整理將結束的訊號，可以做為買進時機。

上升穿越 0 軸的強勢指標線

　　在橫向震盪走勢中，MACD指標線由0軸下方穿越至0軸之上，隨後

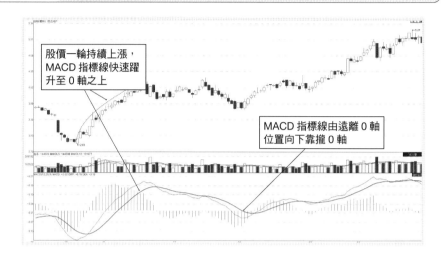

圖2-2　　信達地產 2019 年 9 月至 2020 年 3 月走勢圖

始終與0軸保持一定距離的強勢型態，同期的價格走勢仍為震盪。這種型態是多方力量較為強勁，價格走勢有望在多方力量蓄積後向上突破的訊號，可以逢震盪回檔時，操作短線買股。

　　圖2-3是第一醫藥2020年3月至7月走勢圖。可以看到，該股在長期震盪走勢中，出現MACD指標線先向上穿越0軸，隨後強勢運行的型態，這是多方力量不斷蓄積、多方優勢不斷加強的標誌，震盪回檔時就是短線買進的好時機。

高位跌破 0 軸後的價格回測

　　MACD指標線由高位區向下跌破0軸並遠離，代表中短期內的價格回檔幅度較大，此時易出現反彈。如果個股於低位區回穩震盪，當價格二次回探低點時，MACD指標線卻明顯上移，則表明多方力量有轉強趨勢，此時是較好的逢低進場時機。

　　圖2-4是上工申貝2019年10月至2020年3月走勢圖。對比價格走勢與同期的MACD指標線運行型態，會發現當價格再度回測低點時，MACD

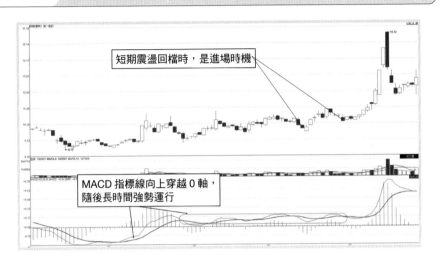

圖2-3　第一醫藥 2020 年 3 月至 7 月走勢圖

短期震盪回檔時，是進場時機

MACD 指標線向上穿越 0 軸，
隨後長時間強勢運行

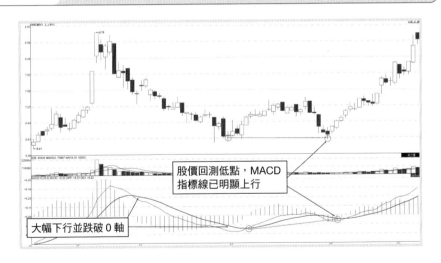

圖2-4　上工申貝 2019 年 10 月至 2020 年 3 月走勢圖

股價回測低點，MACD
指標線已明顯上行

大幅下行並跌破 0 軸

圖2-5　　禾望電氣 2020 年 5 月至 9 月走勢圖

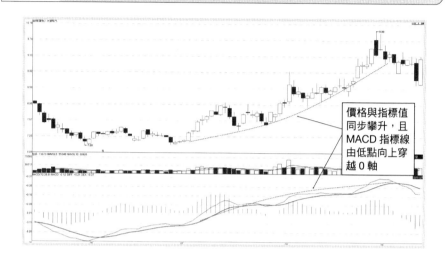

價格與指標值
同步攀升，且
MACD 指標線
由低點向上穿
越 0 軸

指標線已明顯上行，這是一個中短線進場訊號，預示該股隨後或有較大
的反彈上行空間。

低點上穿 0 軸後，價格與指標值攀升

　　所謂的低點，既是價格的低點，也是指標值的低點。當兩者同步攀
升，且MACD指標線上穿0軸後，代表多方力量已經整體占優勢，這是
趨勢轉向上行的訊號之一。在操作上，可以逢價格短線整理時擇機買
進。

　　圖2-5是禾望電氣2020年5月至9月走勢圖。該股自低位整理後開始
向上突破，上升型態穩健，同期的MACD指標線也攀升至0軸上方，這
是多方力量開始占據主導地位的標誌。操作上，可以在價格走勢整理過
程中，或短線回檔過程中買進布局。

2-2　當 DEA 線向上靠攏 0 軸，怎麼鎖定低位進場時機？

　　DEA線以向上穿越的方式突破0軸，固然是多方力量強勁的標誌，但通常此時的價格漲幅也較大，追漲買進存在短期高位被套牢的風險。如何在指標線將要上穿0軸前，把握更好的低位進場時機？我們可以借助DEA線靠攏0軸的買進技術。

橫向震盪收窄，指標線向上靠攏 0 軸

　　個股價格的前期下跌，使MACD指標線持續運行於0軸下方，隨後價格在低位止跌、震盪，隨著震盪的持續，價格波動幅度收窄，且MACD指標線開始向上靠攏0軸。

　　這種型態有兩個關鍵：一是震盪收窄，代表多空力量處於「平衡」與「改變」的轉捩點；二是MACD指標線向上靠攏0軸，代表多方力量轉強。結合當前的價格處於低位區來看，隨後選擇突破上行機率大，投資者應注意把握這種中短線進場時機。

　　下頁圖2-6是電子城2019年7月至2020年1月走勢圖。可以看到，在低位區長期震盪之後，出現價格波動收窄且MACD指標線向上靠攏0軸走勢，預示著隨後或有突破上漲行情，是買進時機。

強勢整理，指標線快速向上靠攏 0 軸

　　強勢整理型態是一種上下震盪幅度較大，但股價重心緩慢上移的整體運動型態。在強勢整理的過程中，如果同期的MACD指標線由0軸下方較遠位置點，快速向上靠攏0軸，這往往是多方力量正快速增強的訊

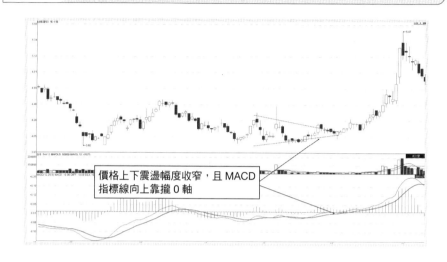

圖2-6　電子城 2019 年 7 月至 2020 年 1 月走勢圖

> 價格上下震盪幅度收窄，且 MACD 指標線向上靠攏 0 軸

號。由於此時短期漲幅很小，一旦多方力量開始釋放，隨後或有一輪上漲行情出現。

圖2-7是海爾智家2020年2月至7月走勢圖。該股在低位區出現強勢整理，伴隨MACD指標線快速向上靠攏0軸的型態，這是多方力量不斷轉強的訊號，可以逢短線震盪回檔時買股進場。

整理走勢中 0 軸形成支撐位

在震盪相對較窄的整理走勢中，如果MACD指標線由0軸上方較遠位置點向下緩緩運行並靠攏0軸，一般來說，0軸會形成較強支撐，此時的價位也正處於整理區的相對低點，是一個較好的中短線進場時機。

這種型態應注意的一點是，MACD指標線以較為緩和的方式向下運行，且持續時間較長，這樣的運動方式才能在0軸附近獲得支撐。

圖2-8是偉星新材2020年2月至7月走勢圖。該股價位處於整理區相對低點，價格有支撐，同時MACD指標線也在長時間運行後，回檔至0軸，0軸形成支撐，這是中短線進場訊號。

| 圖2-7 | 海爾智家 2020 年 2 月至 7 月走勢圖 |

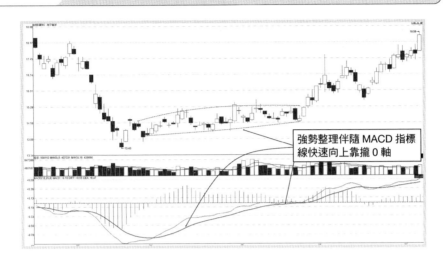

強勢整理伴隨 MACD 指標
線快速向上靠攏 0 軸

| 圖2-8 | 偉星新材 2020 年 2 月至 7 月走勢圖 |

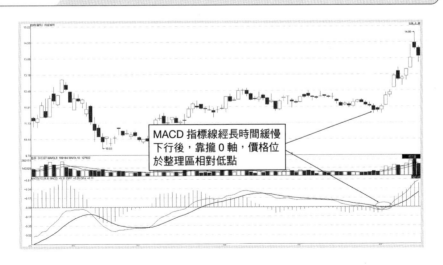

MACD 指標線經長時間緩慢
下行後，靠攏 0 軸，價格位
於整理區相對低點

2-3　出現第一次黃金交叉，代表多方力量加速釋放

　　黃金交叉是MACD指標最典型的買進訊號之一，指速度較快的DIFF線，向上交叉並穿越有著移動平均效果的DEA線。黃金交叉與價格上漲同步出現，代表多方力量正加速釋放，由於價格走勢的慣性，當黃金交叉出現時，往往還有上升空間。

　　值得注意的是，黃金交叉不等於買進時機。一些黃金交叉型態出現後，由於短期漲幅過快、過大，此時買進有追漲套牢的風險。實盤操作中，需結合具體的情形來把握。

👁 指標線高位轉低位震盪後的黃金交叉

　　指標線高位轉為低位震盪後的黃金交叉型態，是指MACD指標線由0軸之上遠離0軸的位置點，持續下行至0軸下方且遠離0軸，此時在指標的低位區，也是價格大幅回檔後的低點，出現黃金交叉型態。一般來說，這種情形下的指標黃金交叉型態，往往預示價格走勢將強勢反彈或趨勢將反轉，宜視為進場訊號加以把握。

　　圖2-9是天賜材料2020年1月至5月走勢圖。該股經歷一輪長時間且幅度極大的下跌之後，MACD指標線已經向下遠離0軸。隨後，價格走勢階段回穩伴隨黃金交叉型態出現，是反彈行情將展開的訊號。

👁 強勢整理回測 0 軸形成黃金交叉

　　MACD指標線由0軸上方較遠的位置點向下回檔，往往對應著整理波段或回檔走勢。當MACD指標線回檔至0軸附近時，若能夠形成黃金

圖2-9　天賜材料 2020 年 1 月至 5 月走勢圖

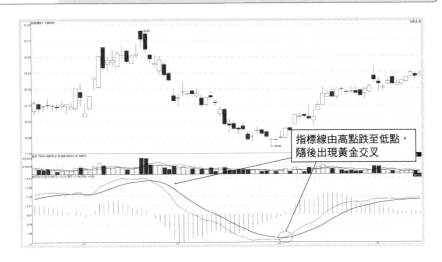

指標線由高點跌至低點，
隨後出現黃金交叉

交叉，往往是整理走勢結束、新一輪上漲行情將展開的訊號。操作上，可以結合同期的大盤走勢來把握進場時機。

　　下頁圖2-10是中船防務2020年3月至7月走勢圖。可以看到，該股的上漲走勢十分穩健，MACD指標線始終在0軸之上且離0軸較遠的位置點，這是多方力量強勁的標誌。隨後，因為橫向整理走勢出現，MACD指標線回檔至0軸附近，此時出現的黃金交叉就是整理結束的訊號，也是新一輪突破行情將展開的訊號。

強勢整理後的黃金交叉突破

　　一些能夠脫離大盤格局強勢上漲的牛股，往往會有至少兩輪上漲行情，它們其在一輪上漲結束之後，會陷入較長時間的震盪整理。

　　隨著震盪的持續，出現MACD指標線的黃金交叉型態，且在黃金交叉出現時，股價仍位於價格整理區的突破點，短線未加速上漲，這樣的黃金交叉多預示新一輪上漲行情或將展開。操作上，可以短線適當追漲參與，但要控制好倉位。

> **圖2-10** 　　中船防務 2020 年 3 月至 7 月走勢圖

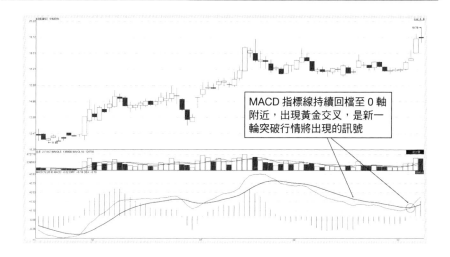

> MACD 指標線持續回檔至 0 軸
> 附近，出現黃金交叉，是新一
> 輪突破行情將出現的訊號

　　圖2-11是世聯行2020年7月至10月走勢圖。可以看出，該股有著明顯的獨立運行結構，隨著震盪整理的持續，股價因為短線上漲而達到整理區的突破點。此時的MACD指標線出現鮮明的黃金交叉型態，預示新一輪突破上升空間將打開，是短線追漲進場的訊號。

寬幅震盪區低位的黃金交叉

　　一般來說，在寬幅震盪的價格走勢中，當價格回檔至震盪區低點時，會遇到較強支撐。如果此時的MACD指標線，能夠在指標區的相對低點出現黃金交叉，基於價格區的支撐與指標線向上靠攏0軸的動力，會有較強的反彈動力，是中短線進場時機。特別是當這個寬幅震盪區間處於中長期的相對低位區時，低位黃金交叉蘊含更強的反彈動力。

　　圖2-12是華潤三九2018年10月至2019年3月走勢圖。在中長期低位區，價格走勢寬幅震盪，隨著價格回檔至震盪區低點，在MACD指標區的相對低點出現黃金交叉型態。這是強勢反彈的訊號，也是中短線進場訊號。

圖2-11　世聯行 2020 年 7 月至 10 月走勢圖

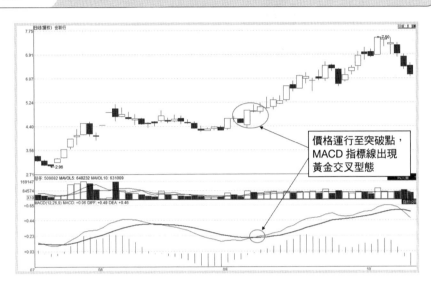

價格運行至突破點，
MACD 指標線出現
黃金交叉型態

圖2-12　華潤三九 2018 年 10 月至 2019 年 3 月走勢圖

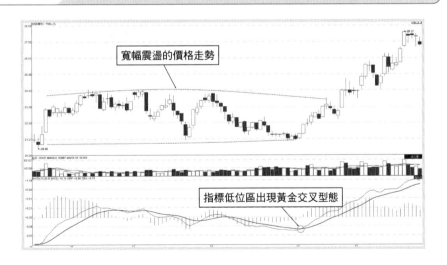

寬幅震盪的價格走勢

指標低位區出現黃金交叉型態

第二次黃金交叉形成，後期行情看漲就更加明確

二次黃金交叉是指在價格運動過程中，指標線先後兩次出現黃金交叉型態。二次黃金交叉是一種重要的指標型態，由於多了一次黃金交叉，在提示多方力量轉強時，準確性往往更勝一籌，是把握買進時機的重要參考。

長時間震盪二次黃金交叉

長時間震盪二次黃金交叉是指，震盪區兩個低點的時間間隔較長，第一次震盪低點形成黃金交叉，第二次回探低點時，再度出現黃金交叉（二次黃金交叉）。兩個低點的時間間隔長，多源於攀升與回檔的節奏都較為緩慢。

當價格走勢經過長期波動再度回探前期的低點時，MACD指標線往往已明顯上行，並使得第二個黃金交叉出現在0軸附近。此時，正是多方力量經震盪後明顯增強的標誌，也預示著上漲的機率更大，可以做為進場時機來把握。

圖2-13是申華控股2019年9月至2020年4月走勢圖。該股在震盪過程中的兩個低點相距較遠，第二個低點出現黃金交叉時，MACD指標線已向上靠攏0軸，這是後期行情看漲的訊號。

黏合 0 軸的二次、三次黃金交叉

如果在橫向的震盪走勢中，MACD指標線始終位於0軸附近，且多次出現黃金交叉，表明多方力量有望因震盪而得到加強。

圖2-13　申華控股 2019 年 9 月至 2020 年 4 月走勢圖

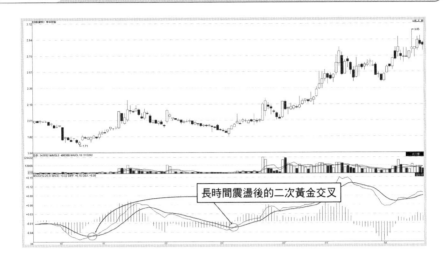

長時間震盪後的二次黃金交叉

一般來說，如果此時的價格處於中長期的相對低位，或是累計漲幅較小的位置點，那麼後期突破上行的機率就會較大，在操作上，宜做為買進時機加以把握。

下頁圖2-14是三安光電2020年6月至10月走勢圖。該股在相對低位出現持續的橫向震盪走勢，期間的MACD指標線於0軸附近出現三次黃金交叉，每一次黃金交叉的出現都提高行情突破的機率。在操作上，MACD指標線出現第二次或第三次黃金交叉時，都是較好的買進時機，投資者可以結合同期大盤走勢來把握。

0 軸下方低點的二次水平黃金交叉

當MACD指標線運行於0軸下方較遠位置點時，大多代表空方力量已得到較大程度的釋放，但是這並非反彈訊號，因為若沒有買盤推動，跌勢仍可能持續下去。

如果指標線在0軸下方較遠的位置，出現二次黃金交叉，而且兩個黃金交叉離0軸的距離相近，稱為二次水平黃金交叉。一般來說，可以

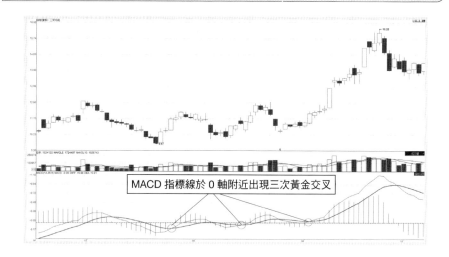

| 圖2-14 | 三安光電 2020 年 6 月至 10 月走勢圖 |

MACD 指標線於 0 軸附近出現三次黃金交叉

將其視為空方力量開始減弱、多方力量明顯轉強的訊號，價格走勢可能會反轉向上。

圖2-15是賽輪輪胎2020年3月至7月走勢圖。可以看到，該股因一輪下跌而進入相對低位區，此時的MACD指標線在低點出現二次黃金交叉，這是低位回穩的標誌，也是價格走勢將反轉上行的訊號，是一個較好的抄底進場時機。

震盪行情 0 軸下方三次黃金交叉

橫向的寬幅震盪走勢是趨勢不明朗的表現，同期的MACD指標線也會圍繞著0軸上下波動。

如果在這種寬幅震盪的過程中，MACD指標線在更多的時間內皆運行於0軸之上，而且第三次黃金交叉出現在0軸附近，也表明多方力量依舊占據主動，隨後行情突破上行的機率或將更大。此時，可視為進場時機的訊號加以布局。

圖2-16是航發動力2020年1月至7月走勢圖。MACD指標線因為該股

圖2-15　賽輪輪胎 2020 年 3 月至 7 月走勢圖

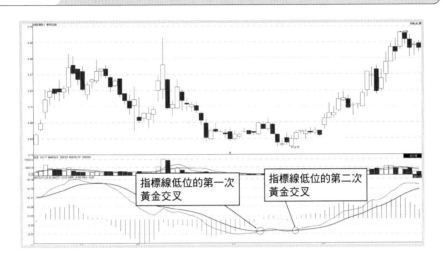

圖2-16　航發動力 2020 年 1 月至 7 月走勢圖

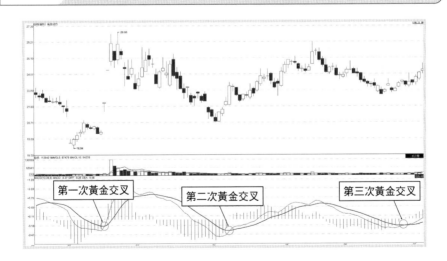

的長期寬幅震盪，出現多次黃金交叉型態。可以發現，指標線因價格回檔而運行於0軸下方的時間較為短暫，而第三次黃金交叉出現在0軸附近，這是多方力量整體占優勢的表現。

第三次黃金交叉型態出現後，多方力量已得到較大的增強，新一輪突破上漲行情有望展開，可以做為買進時機來把握。

震盪中跌至 0 軸附近的二次黃金交叉

在深幅下跌後的低位區，價格走勢回穩震盪，如果同期的MACD指標線先後於0軸下方較遠位置點、0軸附近位置點，出現黃金交叉型態，而價格仍處於震盪之中，未見明顯上漲，這是多方力量快速轉強的訊號，價格走勢後期有望向上突破。

MACD指標線出現在0軸附近的第二次黃金交叉型態，就是一個較為明確的中短線進場訊號。

圖2-17是營口港2019年12月至2020年4月走勢圖。在低位回穩走勢中，MACD指標線的第一個黃金交叉出現在遠離0軸的位置點，第二個黃金交叉則大幅上升至0軸附近，這樣的走勢表明多方力量正快速轉強。由於當前的價格仍處於中短期低點，對投資者來說，此時是較好的買進時機。

圖2-17　營口港 2019 年 12 月至 2020 年 4 月走勢圖

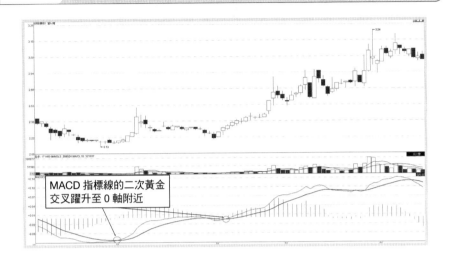

MACD 指標線的二次黃金
交叉躍升至 0 軸附近

2-5 留意 DEA 線的 3 種型態變化，把握中長線買點

除了指標線與0軸的位置關係，以及兩條指標線的黃金交叉型態之外，還有一些特徵型態也具有較強的實戰價值。它們可以很好地呈現當前市場上多空力量的強弱特徵，進而幫助我們把握進場時機。

由於這些特徵型態需要市場長時間的交易才能呈現，因此指標線的型態反映出整體多空力量強弱格局，可以看作提示中長線進場時機的訊號。

長期強勢震盪不回測 0 軸

長期強勢震盪是指在長時間的震盪走勢中，股價重心不斷上移，但上移速度較慢，使得累計漲幅不大。在長期強勢震盪格局中，如果MACD指標線能夠一直位於0軸之上，且始終與0軸保持一定距離，即使在價格回檔走勢中，指標線也沒有回測0軸，表明個股有主力資金在積極運作。

只要市場不出現大幅度的整體性下跌，則個股隨後出現突破上行的機率較大，且突破後的上升空間可觀。操作上，可以在個股震盪回檔時積極進場布局，分享主力隨後的拉升漲勢成果。

圖2-18是京運通2020年5月至11月走勢圖。首先，從價格走勢來看，這是一個時間跨度極長的強勢震盪格局。其次，從MACD指標線運行型態來看，在長期的強勢震盪格局下，指標線從未出現過回測0軸的情形。

對於這種組合方式，由於此時該股的累計漲幅不大，從中長期走勢來看，仍舊處於相對低位區，可以逢短線回檔時買進布局。

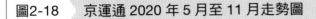

圖2-18　京運通 2020 年 5 月至 11 月走勢圖

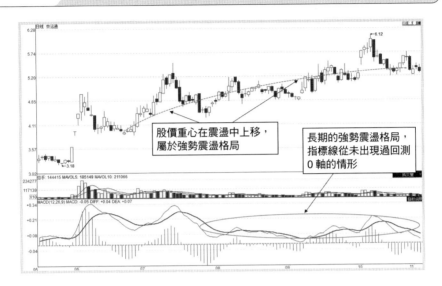

股價重心在震盪中上移，屬於強勢震盪格局

長期的強勢震盪格局，指標線從未出現過回測 0 軸的情形

　　接著再看一個例子，它與上一例有相似之處，但不完全相同。下頁圖2-19是濮耐股份2020年3月至2021年1月走勢圖。僅從K線走勢來看，這是一種長期的強勢震盪上行結構，但同期的MACD指標線曾出現回測0軸的情形。指標線的運行型態提示，個股在隨後運行中向上突破的機率有所下降，因此更宜實施波段操作低買高賣。

低位回穩中指標線逐底拉升

　　隨著低點的止跌回穩或是回升走勢的出現，MACD指標線向上突破0軸，但是上漲走勢沒有延續下去，轉為橫向的震盪或整理行情。如果在震盪整理過程中，出現MACD指標線逐底拉升的運動方式，而且價格處於中長期的低位區，這種型態多對應著中期底部區的構築，預示趨勢將轉向上行，是買進訊號。

　　下頁圖2-20是三安光電2020年5月至10月走勢圖。該股在低位區出現回升回穩走勢，MACD指標線攀升至0軸附近，且因震盪走勢的持

图2-19　濮耐股份 2020 年 3 月至 2021 年 1 月走勢圖

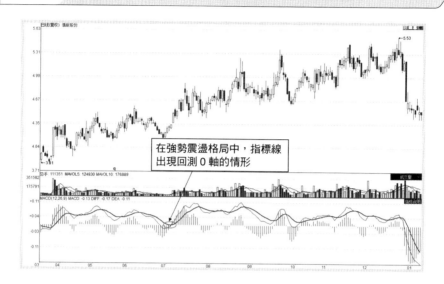

在強勢震盪格局中，指標線
出現回測 0 軸的情形

图2-20　三安光電 2020 年 5 月至 10 月走勢圖

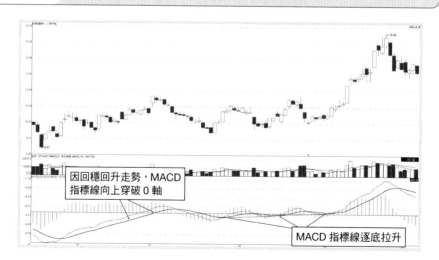

因回穩回升走勢，MACD
指標線向上穿破 0 軸

MACD 指標線逐底拉升

圖2-21　洪都航空 2019 年 12 月至 2020 年 6 月走勢圖

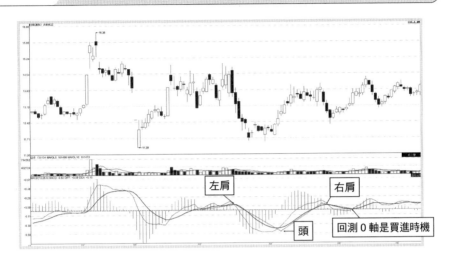

左肩　　右肩

頭　　回測 0 軸是買進時機

續，MACD指標線出現「一底高於一底」的底拉升型態。這是多方力量在逐步加強的標誌，預示後期仍有一定的突破上升空間，可以逢回檔買進布局。

低位震盪中的指標線頭肩底

在低位區震盪走勢中，如果MACD指標線出現型態開闊的頭肩底型態，表示多方力量整體轉強。在頭肩底型態中，頭部位於0軸下方且遠離0軸，這是中短期跌幅較大的標誌。

左肩與右肩的位置有兩種表現方式：一是左肩與右肩都向上突破0軸；二是左肩與右肩雖然未突破0軸，但向上靠攏且接近0軸。這兩種表現方式的市場含義相近，都預示趨勢或將轉向上行。

圖2-21是洪都航空2019年12月至2020年6月走勢圖。可以看到，期間MACD指標線構築一個左肩與右肩都向上突破0軸的頭肩底型態，而且該股處於中長期低位區。操作上，在指標線構築右肩並回測0軸過程中，將遇到較強支撐，此時是較好的中長線進場時機。

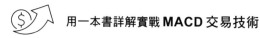

圖2-22　美克家居 2018 年 6 月至 2019 年 4 月走勢圖

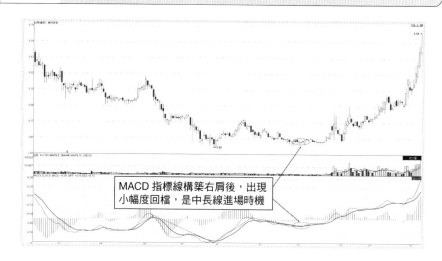

MACD 指標線構築右肩後，出現
小幅度回檔，是中長線進場時機

　　圖2-22是美克家居2018年6月至2019年4月走勢圖。該股在低位區出現長時間的震盪回穩走勢，同期的MACD指標線構築一個頭肩底型態。型態中的左肩與右肩沒有突破0軸，但是MACD指標線的這個組合型態，仍然預示中期底部的出現，應注意把握中長線的進場時機。

NOTE   /   /   /

第 2 章講解能提示買進時機的 MACD 指標線型態，相對地，也有一些典型的指標線型態表示空方力量已轉強，或正持續加強，預示賣出時機。

　　本章講解 DEA 與 0 軸位置的對應關係、第一次和第二次死亡交叉的出現、DEA 線型態的變化與中長線的賣點等，並結合實例加以說明，可以做為實盤操作的參考。

第 3 章
從指標線的穿越、靠攏及交叉型態,抓住賣出時機

<table>
<tr><td>3-1</td><td>DEA 線穿越 0 軸時，有 2 上和
2 下的型態都要賣出</td></tr>
</table>

　　MACD指標線穿越0軸之後，預示多空力量正發生轉變。一般來說，MACD指標線下穿0軸代表空方力量增強，多為賣出訊號。但是，也有一些較為特殊的情況，例如多方力量在中短期內過度釋放、消耗較大，此時空方力量轉強機率增加，是價格回檔訊號。

　　這同樣展現在指標線對0軸的穿越型態上，不過是由下向上穿越0軸。本節講解如何利用指標線穿越0軸的型態，把握賣出時機。

指標線由低位區攀升至高位區

　　在MACD指標視窗中，若出現DEA線由低位區以較平滑的方式不斷攀升，向上穿越並遠離0軸，這往往對應著一輪較大規模的上漲行情。

　　無論是趨勢的突然反轉上行，還是下跌途中的中級反彈，MACD指標線型態持續平滑上漲，且向上遠離0軸，提示著由於這一波上升過程中未出現明顯的中繼整理，多方力量呈現較大的消耗，獲利賣壓沉重。因此，中等規模的回檔整理出現機率較大，此時宜逢高賣出。

　　圖3-1是出版傳媒2020年4月至9月走勢圖。對應著同期股價的一輪持續上漲，MACD指標線由低位區攀升至高位區，是市場進入超買區狀態的標誌，有整理回檔的需要，應注意規避行情整理風險。在操作上，應減倉或清倉離場。

弱勢震盪中指標線向下跌破 0 軸

　　弱勢震盪是指價格的波動幅度不大，但股價重心卻隨著震盪的持續

圖3-1　　出版傳媒 2020 年 4 月至 9 月走勢圖

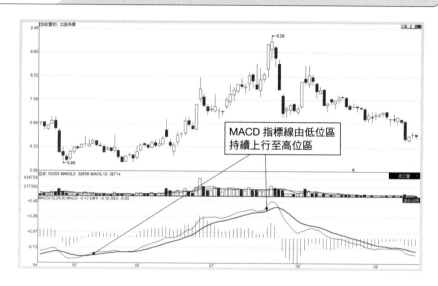

而向下移動。

　　在弱勢震盪過程中，MACD指標線也會同步下行，如果向下跌破0軸，往往表示多空整體力量對比格局的轉變。特別是對於價格處於高位區的弱勢震盪，指標線若隨著震盪向下跌破0軸，預示著趨勢或將轉向向下，是風險的訊號。

　　下頁圖3-2是中裝建設2020年6月至11月走勢圖。該股在相對高位區出現弱勢震盪走勢，同期的MACD指標線向下跌破0軸。此時，應注意規避價格跌破下行的風險。

　　在弱勢震盪過程中，往往會出現反彈，這時僅從價格走勢，難以判斷多空力量對比是否發生轉變，需要借助MACD指標線與0軸的位置關係進行分析。

　　下頁圖3-3是丹化科技2020年6月至11月走勢圖。在該股震盪區的低點，可以看到出現回穩反彈走勢，但是同期的MACD指標線向下跌破0軸，且持續運行於0軸下方，表明當前仍然是空方力量占據主動。投資者應注意規避跌破下行風險。

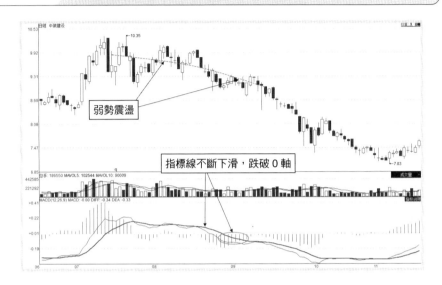

圖3-2　中裝建設 2020 年 6 月至 11 月走勢圖

弱勢震盪

指標線不斷下滑，跌破 0 軸

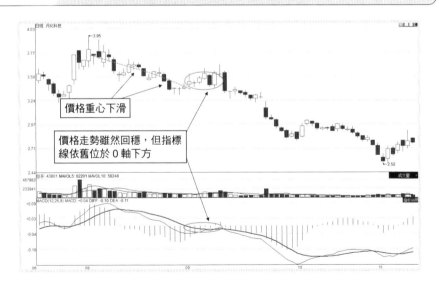

圖3-3　丹化科技 2020 年 6 月至 11 月走勢圖

價格重心下滑

價格走勢雖然回穩，但指標線依舊位於 0 軸下方

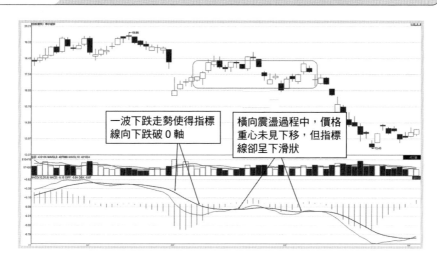

| 圖3-4 | 海爾智家 2019 年 12 月至 2020 年 4 月走勢圖 |

一波下跌走勢使得指標線向下跌破 0 軸

橫向震盪過程中，價格重心未見下移，但指標線卻呈下滑狀

跌破 0 軸後中繼型震盪

　　價格走勢的一波下跌使得MACD指標線跌破0軸，表示空方力量較強，但市場多空力量對比格局正在轉變，投資者需留意觀察。隨後，因多空力量再度均衡，股價會在相對低位持續橫向震盪，同期的MACD指標線則徘徊於0軸下方。

　　如果在橫向震盪過程中，MACD指標線在0軸下方呈下滑狀，說明隨著震盪，即使是價格重心略有上移且持續強勢震盪，空方力量有增強的趨勢。當前的震盪區間成為下跌中繼的機率較大，應注意價格走勢的跌破下行風險。

　　圖3-4是海爾智家2019年12月至2020年4月走勢圖。該股在相對低位的橫向震盪過程中，雖然價格重心未見下移，但MACD指標線呈下滑狀態，這是空方力量在加強、多方力量在減弱的標誌，也預示隨後的向下跌破走勢。

| 圖3-5 | 三維通信 2020 年 3 月至 8 月走勢圖 |

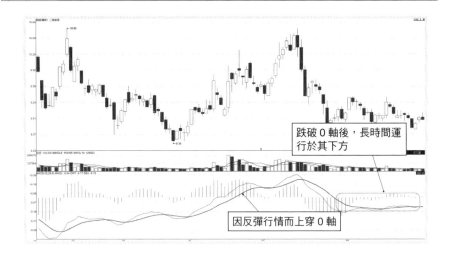

跌破 0 軸後，長時間運
行於其下方

因反彈行情而上穿 0 軸

上穿 0 軸後再度下穿停留

　　MACD指標線向上穿越0軸，代表著多方力量的轉強，同步對應著
一波上漲走勢，但這也可能是跌勢中的反彈行情。如果MACD指標線起
初長期運行於0軸下方，先是因一波上漲行情而上穿0軸，隨後再度跌破
0軸並長時間停留於0軸下方，多標誌著反彈行情的結束。價格走勢再度
進入跌勢的中繼整理階段，應注意規避新一輪跌破下行風險。

　　圖3-5是三維通信2020年3月至8月走勢圖。該股的MACD指標線運
行就經歷這種型態結構：先是長期位於0軸下方，隨後上穿0軸，最後再
度跌破0軸，且長時間運行於0軸下方。在這種型態結構中，再度跌破0
軸且長時間運行於0軸下方，是分析的關鍵。

　　只有再度長時間運行於0軸下方，才能展現空方力量整體占優勢，
也才能據此準確判斷當前仍處於跌勢的整理階段。

當 DEA 線向下靠攏 0 軸，價格跌破下行的機率大

DEA線向上或向下靠攏0軸，都是典型的運動方式，在結合價格走勢的基礎上，往往預示著多空力量的轉變。本節講解DEA線靠攏0軸的型態，提示賣出的時機。

👁 低位區弱勢整理向上靠攏 0 軸

在經歷價格下跌後，MACD指標線往往處於0軸下方低位區。此時，伴隨著止跌回穩走勢，指標線多會向上靠攏0軸。

如果同期的回穩走勢呈現弱勢震盪整理格局（即隨著震盪整理的持續，價格重心略有下移），表明多空力量對比格局並未扭轉。當前的整理區更有可能是下跌途中的中繼，隨著空方力量的增強，新一輪跌破下行或將展開。此時不宜抄底，應注意規避跌破下行風險。

下頁圖3-6是中恒電氣2020年7月至12月走勢圖。該股經歷深幅、快速的下跌後，開始長時間的橫向整理，但價格重心略為下移。同期的MACD指標線向上靠攏0軸後，往往代表整理走勢將結束。

👁 波動加大指標線由高位下滑

如果在橫向震盪走勢中，個股多日的盤中振幅較大，而且同期的MACD指標線由高位下滑，表明在當前市場分歧較為劇烈的位置點，空方力量正在轉強，後期走勢向下跌破震盪區的機率更大。

下頁圖3-7是中國重工2020年6月至9月走勢圖。該股在上漲後的高位區橫向震盪，隨著震盪的持續，頻繁出現帶有長上影或下影的單根K

圖3-6	中恒電氣 2020 年 7 月至 12 月走勢圖

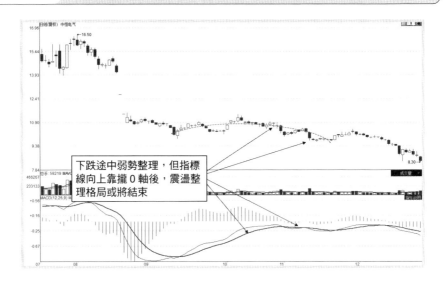

下跌途中弱勢整理，但指標線向上靠攏 0 軸後，震盪整理格局或將結束

圖3-7	中國重工 2020 年 6 月至 9 月走勢圖

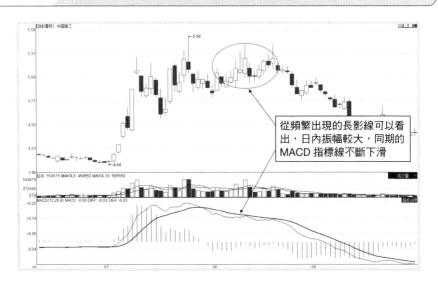

從頻繁出現的長影線可以看出，日內振幅較大，同期的 MACD 指標線不斷下滑

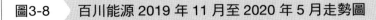

圖3-8　百川能源 2019 年 11 月至 2020 年 5 月走勢圖

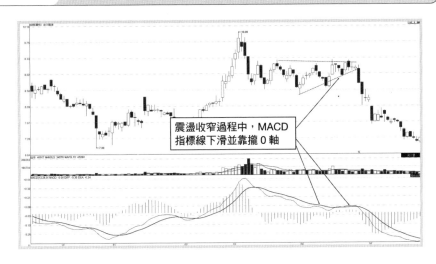

震盪收窄過程中，MACD
指標線下滑並靠攏 0 軸

線，表明個股的盤中振幅較大，同期的MACD指標線不斷下滑。綜合來看，在價格尚未回檔之前，空方力量已經出現增強的趨向。操作上，宜逢震盪回升賣出離場。

震盪收窄後向下靠攏 0 軸

隨著價格震盪幅度的收窄，多空力量趨於平衡，但價格方向也面臨再度選擇，是向上突破，還是跌破下行？我們可以借助同期的MACD指標線運行型態進行分析。

如果在震盪收窄的過程中，MACD指標線不斷下滑並靠攏0軸，表明在這個過程中，空方力量也逐步加強。隨後的價格走勢向下跌破的機率較大，應注意風險。

圖3-8是百川能源2019年11月至2020年5月走勢圖。該股在相對高位區出現震盪收窄的運動過程，同期的MACD指標線下滑並靠攏0軸，此時的價格正處於震盪區的相對高位，宜逢高賣出。

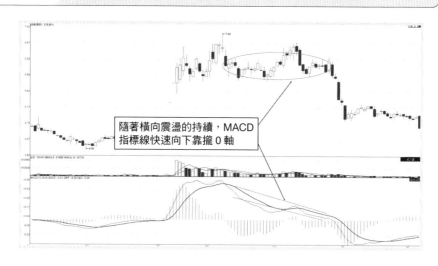

| 圖3-9 | 彩虹股份 2018 年 12 月至 2019 年 6 月走勢圖 |

隨著橫向震盪的持續，MACD
指標線快速向下靠攏 0 軸

高位震盪指標線快速向下靠攏 0 軸

在大漲後的高位區，橫向的震盪走勢使MACD指標線由高位區向下運行。如果指標線下滑速度較快，在價格震盪反彈中也難有回升，有著明顯的向下靠攏0軸傾向，表明空方力量在快速匯聚。

雖然當前的價格走勢仍維持強勢震盪，但後期出現跌破下行的機率在增加。操作上，宜逢震盪回升賣出離場。

圖3-9是彩虹股份2018年12月至2019年6月走勢圖。因股價大漲，MACD指標線也進入明顯的高位區。隨著行情震盪的持續，指標線卻以較快的速度向下靠攏0軸。

當這種型態出現後，宜提前判斷，賣出離場，因為當指標線真正向下跌破0軸，空方力量完全轉強時，階段下跌幅度往往已較大，將錯失最佳的逢高賣出時機。

3-3 第一次死亡交叉不一定得立刻脫手，以免錯失反彈

　　死亡交叉是MACD指標最典型的賣出訊號之一，它是指速度較快的DIFF線向下交叉，並穿越有著移動平均效果的DEA線。死亡交叉與價格下跌同步出現，代表空方力量正加速釋放，由於價格走勢的慣性，當死亡交叉出現時，往往還有下跌空間。

　　值得注意的是，死亡交叉不等於賣出時機。一些死亡交叉型態出現後，由於短期跌幅過快、過大，此時賣出有可能賣在階段性低點，錯失隨後的行情反彈。在實盤操作中，需要結合具體的情形來把握。

指標線低位轉高位震盪後的死亡交叉

　　指標線低位轉高位震盪後的死亡交叉型態，是指MACD指標線由0軸之下遠離0軸的位置點，持續上行至0軸上方且遠離0軸。此時，在指標的高位區，也是價格大幅上漲後的高點，出現死亡交叉型態。

　　一般來說，這種情形下的死亡交叉型態，往往預示價格走勢將出現中期整理或趨勢反轉，可視為出場訊號。

　　下頁圖3-10是漫步者2020年3月至7月走勢圖。該股經歷一輪長時間且幅度極大的上漲之後，MACD指標線向上遠離0軸。隨後，股價走勢開始出現震盪，伴隨MACD指標線死亡交叉型態出現，這是中期築頂的訊號，預示趨勢將反轉下行。操作上，應逢震盪回升賣出離場。

窄幅整理指標線高位死亡交叉

　　在經歷一輪大幅上漲後，股價和MACD指標線都處於明顯的高位

圖3-10　漫步者 2020 年 3 月至 7 月走勢圖

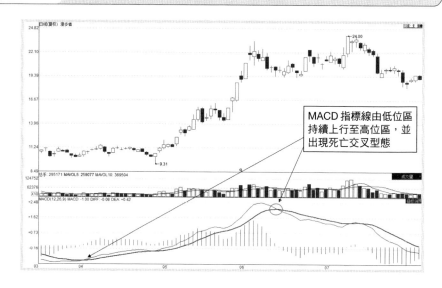

MACD 指標線由低位區持續上行至高位區，並出現死亡交叉型態

區，如果此時出現整理走勢，且同期的MACD指標線形成死亡交叉，表明空方力量有轉強的趨向。

而且，指標線處於高位區，表明當前的市場處於超買狀態，有向下回檔、靠攏0軸的傾向。綜合分析，當前的整理區更有可能成為中期頂部，宜賣出離場。

圖3-11是水井坊2019年9月至2020年1月走勢圖。在一輪大漲後，價格走勢開始整理，同期的MACD指標線也低於高位區，且出現死亡交叉型態，這是後期價格走勢或將跌破下行的風險訊號，應賣出離場。

寬幅震盪指標線高位死亡交叉

寬幅震盪指標線高位死亡交叉，與窄幅整理指標線高位死亡交叉相近，同樣提示賣出時機，但不同的是，價格在高位區以寬幅震盪方式（震盪幅度超過10%）呈現。

一般來說，在寬幅震盪走勢中，出現MACD指標線死亡交叉型態

圖3-11　水井坊 2019 年 9 月至 2020 年 1 月走勢圖

整理走勢中，MACD 指標線出現死亡交叉型態

時，價格往往正處於震盪區低點。結合震盪走勢的特徵來看，只要同期的大盤走勢相對穩健，可以在隨後震盪反彈時賣出。

下頁圖3-12是同達創業2020年7月至10月走勢圖。在高位區的寬幅震盪走勢中，MACD指標線也處於高位區，且出現死亡交叉型態，這是空方力量隨著震盪走勢而加強的標誌。當價格再度震盪回升時，是賣出時機。

下頁圖3-13是城投控股2020年2月至5月走勢圖。高位區的MACD指標線的死亡交叉型態出現後，雖然價格再度強勢回升，但只是二次探頂，沒有足夠的動力突破上行。可以說，這個死亡交叉型態提示，當前的位置區間將成為中期頂部。震盪回升或再度上探階段高點時，是很好的逢高賣出時機。

🔍 價格指標值新高整理中的死亡交叉

在持續上漲且累計漲幅較大的位置區，同期的價格與指標都創新高，這是漲勢加速的標誌，但是應注意短期回檔。如果此時出現高位整

圖3-12　同達創業 2020 年 7 月至 10 月走勢圖

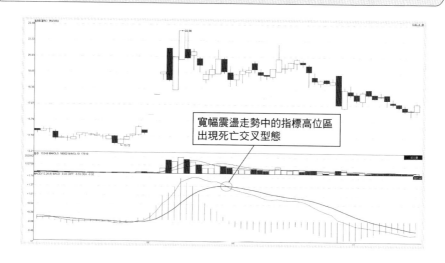

寬幅震盪走勢中的指標高位區
出現死亡交叉型態

圖3-13　城投控股 2020 年 2 月至 5 月走勢圖

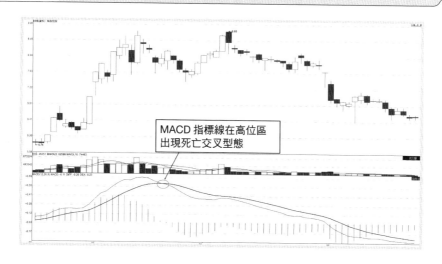

MACD 指標線在高位區
出現死亡交叉型態

| 圖3-14 | 中聯重科 2020 年 1 月至 5 月走勢圖 |

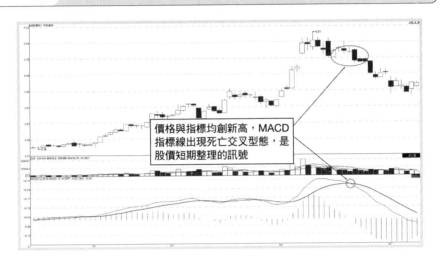

價格與指標均創新高，MACD
指標線出現死亡交叉型態，是
股價短期整理的訊號

理，且MACD指標線出現死亡交叉型態，則表明短期內的空方力量增
強，價格走勢可能因獲利賣壓而出現一波回檔。在短線操作上，應注意
規避高位追漲風險。

　　圖3-14是中聯重科2020年1月至5月走勢圖。該股在上升途中一波加
速上漲後，開始橫向整理，價格略有回檔，期間MACD指標線出現死亡
交叉型態，這是短期回檔走勢將持續的訊號。

3-4 出現第二次死亡交叉，空方力量轉強的準確性更高

二次死亡交叉是指在價格運動過程中，指標線先後兩次出現死亡交叉型態。二次死亡交叉是一種重要的指標型態，由於多了一次死亡交叉，在提示空方力量轉強時，準確性往往更高，是把握賣出時機的重要參考。

平行上漲中的收斂死亡交叉

在震盪上漲過程中，價格走勢是一峰高於一峰、一谷高於一谷，將價格波動中的峰與峰相連、谷與谷相連，可以畫出兩條近似的平行線，稱為向上平行運動結構。

如果同期的MACD指標線出現明顯的收斂型態，即一峰低於一峰，谷底不斷拉升，表明價格運動結構與指標線結構出現明顯的背離，這是上升動力不足的標誌。這時候，持股者應注意把握好隨後的逢高賣出時機。

圖3-15是瑞貝卡2020年5月至10月走勢圖。價格走勢呈向上水平運動狀，MACD指標線呈收斂狀。當第二次死亡交叉出現時，由於價格短線回檔幅度較大，且個股累計漲幅不大，結合同期大盤來分析，宜在隨後的反彈衝高時賣出。當第三次死亡交叉出現時，短線回檔幅度較小，價格處於高位，應第一時間賣出。

價格創新高的背離型死亡交叉

背離型的二次死亡交叉是一種較為經典的背離組合，它是指在價格

圖3-15	瑞貝卡 2020 年 5 月至 10 月走勢圖

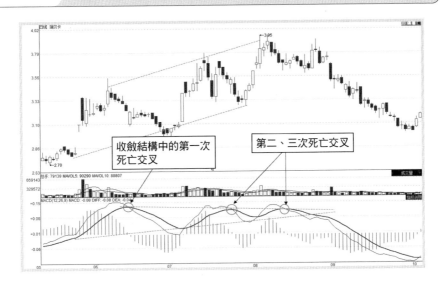

突破創新高後，透過整理或回檔，使指標出現死亡交叉型態，但在MACD指標線區，這個死亡交叉所處位置，卻低於價格相對低位時出現的死亡交叉位置。也就是說，價格在突破或震盪上漲中明顯創新高，但MACD指標線在走低。

　　背離型的二次死亡交叉出現，不一定是上升趨勢結束的訊號。如果個股的漲勢剛剛起步，累計漲幅不大，此時的背離不具有實際意義，只是偶然波動的結果。

　　如果背離型的二次死亡交叉，出現在累計漲幅較大的中長期高位區，或是短期內漲速較快、漲幅較大的位置區，則是風險的訊號，表明個股的突破上漲動力在減弱。操作上，應注意規避可能出現的趨勢反轉風險。

　　下頁圖3-16是錦江投資2020年2月至5月走勢圖。經歷短期整理後，該股突破創新高，但MACD指標線沒有同步跟進，隨後因回檔整理出現死亡交叉型態。這是一個典型的背離型二次死亡交叉，預示當前的高位整理區有成為中期頂部的風險，宜賣出離場。

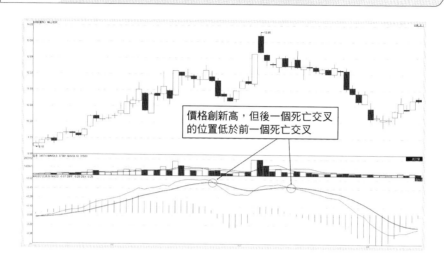

圖3-16　錦江投資 2020 年 2 月至 5 月走勢圖

價格創新高，但後一個死亡交叉的位置低於前一個死亡交叉

寬幅震盪中的二次死亡交叉

在寬幅震盪走勢中，如果MACD指標線於高位區兩次出現死亡交叉型態，則表明震盪區高點的壓力作用非常強，趨勢有更強的向下運行動力。

操作上，宜逢震盪回升賣出離場，且不宜在價格回檔至震盪區低點時抄底進場，因為價格走勢有著較強的跌破下行動力。

圖3-17是農發種業2020年3月至8月走勢圖。在寬幅震盪過程中，MACD指標線於高位區兩次出現死亡交叉，第一次死亡交叉可以做為短線離場訊號，第二次死亡交叉更視為中線離場訊號。

図3-17　農發種業 2020 年 3 月至 8 月走勢圖

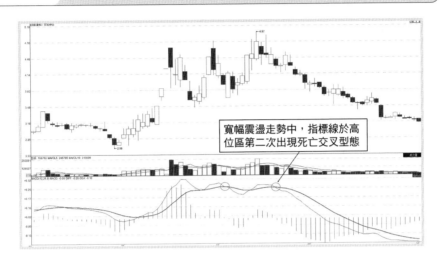

寬幅震盪走勢中，指標線於高位區第二次出現死亡交叉型態

回檔至 0 軸的二次死亡交叉

在價格走勢的震盪過程中，如果MACD指標線先於高位區出現死亡交叉，隨後大幅回檔至0軸附近，並再次出現死亡交叉，則表明空方力量已整體轉強，是趨勢或將轉向下行的訊號。在操作上，宜及時在反彈時賣出。

下頁圖3-18是長春燃氣2019年9月至2020年1月走勢圖。該股在震盪過程中，出現MACD指標線回檔至0軸附近，並再度形成死亡交叉型態，這是趨勢下行的訊號。操作上，應注意反彈走勢來把握賣出時機。

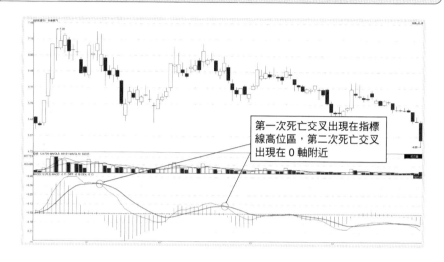

圖3-18　　長春燃氣 2019 年 9 月至 2020 年 1 月走勢圖

第一次死亡交叉出現在指標線高位區，第二次死亡交叉出現在 0 軸附近

3-5 為了抓中長線賣點，看 DEA 線是否發生 3 種跡象

　　MACD指標線的運行型態能夠反映較長時間跨度內，多空力量的變化情況，具有呈現趨勢、提示趨勢的作用。本節將講解提示中長線賣出時機的DEA線型態。

強勢震盪中的三個下降峰

　　強勢震盪是指在震盪過程中，股價重心出現一定的上移，一峰高於一峰。強勢震盪往往預示向上突破，但高位區的強勢震盪有著極強的不確定性。

　　如果個股累計漲幅較大，在高位區的強勢震盪過程中，MACD指標線呈現一峰低於一峰的型態，表明空方力量有轉強趨向，此時的強勢震盪只是表象。操作上，宜逢高賣出而不是回檔買進。

　　下頁圖3-19是珠江實業2020年1月至5月走勢圖。在高位區的強勢震盪過程中，MACD指標線呈現為三個下降峰的型態，這是空方力量轉強的訊號，投資者應注意規避中期遇頂的風險。

指標線由緩變陡後走平

　　角度較為平緩的上漲最穩健，且持續性最強，此時的MACD指標線在0軸上方，也處於角度平緩的攀升狀態。如果隨著上漲的加速，指標線明顯變陡，表示多方力量正加速釋放，這種狀態持續時間可長可短，與主力運作和市場環境有關。

　　在操作上，投資者應注意把握多方力量消耗過度、漲勢減弱的轉向

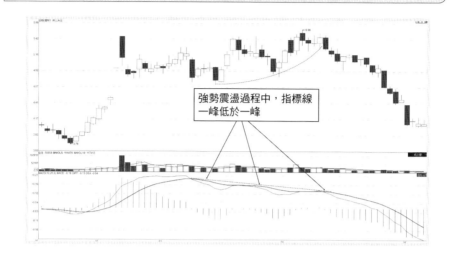

圖3-19　　珠江實業 2020 年 1 月至 5 月走勢圖

時機。一般來說，這種情況常展現在MACD指標線由陡轉平的型態變化上。

　　圖3-20是鴻路鋼構2020年4月至9月走勢圖。該股在持續攀升過程中，MACD指標線一直穩健地運行於0軸之上，隨著漲勢的持續，MACD指標上漲速度開始加快，指標線由緩變陡，對於中長線投資者來說，此時應持股待漲。但是，當指標線由陡轉平出現下滑時，預示中期頂部將出現，宜逢高賣出來規避風險。

指標線峰值的二次探頂

　　在上升趨勢中，個股往往會因為起初的一波強勢上漲，而出現一個MACD指標線「峰」。隨後，由於整理走勢或回檔波段，指標線有所回檔，但仍舊維持強勢運行的態勢。這是多方力量依舊總體占優勢、漲勢有望持續的訊號。

　　在這個背景下，如果個股再度突破上漲且創新高，可以觀察指標線的運行。如果指標線上升至前期的「峰」值，因漲勢放緩而遇到壓力，

圖3-20　鴻路鋼構 2020 年 4 月至 9 月走勢圖

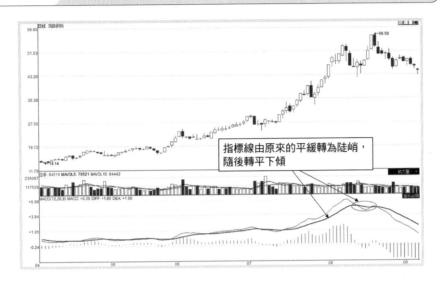

指標線由原來的平緩轉為陡峭，
隨後轉平下傾

表明指標線很難突破前期的峰值，MACD指標線出現「二次探頂」的機率很大。此時股價上漲的遇阻位置點，將成為中期頂部。操作上，應賣出來規避趨勢轉向的風險。

下頁圖3-21是南京證券2019年11月至2020年4月走勢圖。從K線走勢，很難判斷在一輪突破創新高之後，漲勢能否延續下去，但是此時借助MACD指標線的二次探頂型態，則可以較及時把握住預示反轉的高位區間。

指標線峰值的二次探頂型態，在預判中長線牛股的頂部區時，有著極為重要的作用。它經常出現，以下我們再舉出一例加以說明。

下頁圖3-22是雙星新材2020年6月至10月走勢圖。該股是一個有著獨立上漲節奏的中長線牛股，在經歷上漲途中的長期整理之後，該股再度突破上行，但MACD指標線沒有同步跟隨創新高，且出現二次探頂的「M」形走勢，這是上漲動力不足的標誌。

結合該股中長期累計漲幅較大的情形來看，漲勢步入頂部的機率大增，宜減倉或清倉離場。

圖3-21　　南京證券 2019 年 11 月至 2020 年 4 月走勢圖

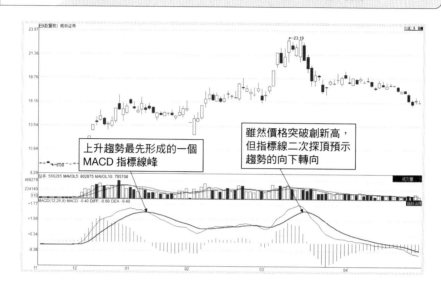

上升趨勢最先形成的一個
MACD 指標線峰

雖然價格突破創新高，
但指標線二次探頂預示
趨勢的向下轉向

圖3-22　　雙星新材 2020 年 6 月至 10 月走勢圖

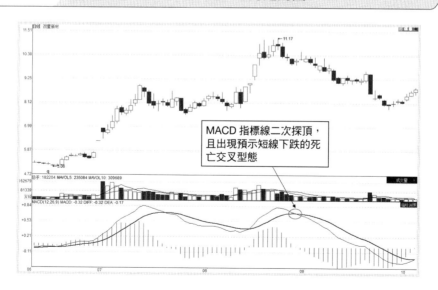

MACD 指標線二次探頂，
且出現預示短線下跌的死
亡交叉型態

NOTE   /   /   /

MACD 指標的使用者常常忽略紅、綠色的柱線。其實，柱線的實際用途非常廣。從短線交易的角度，柱線的靈敏度高，能及時發出買賣訊號，如果單純依靠指標線，有時候會慢市場一步，而錯失良機。

從中長線交易的角度，柱線有助於更清晰地觀察買賣總體力量的改變趨勢，進而把握價格發展的大方向，有效制訂中長線交易策略，是要持股待漲、忽略小波動，還是要擇機布局（或離場）、關注短期波動。

本章將結合實際案例，講解各種柱線型態在實戰中的運用方法。

第 **4** 章

善用柱線能在短線下單敏捷，
在中線瞄準方向

從柱線的線性變化和顏色轉換，解讀多空格局

    線性變化是指柱線的長短變化呈現一種連續性的型態。例如，紅柱線由短線逐漸變長線，或者是綠柱線由長線逐漸變短線。線性變化有兩種具體表現方式：一種是柱線的顏色未發生改變，另一種是柱線的顏色發生改變，它們分別帶有不同的市場含義。

    價格走勢不同，柱線的具體線性變化方式蘊含不同的市場訊息。本節講解如何利用柱線的線性變化方式，解讀市場多空訊息。

⬡ 線性變化與非線性變化

    線性變化是指，相鄰兩個交易日的柱線長度變化較小、不突兀，從多個交易日來看，柱線的伸長或縮短有一個連續性的過程，是逐漸伸長或縮短。非線性變化則剛好相反，相鄰兩個交易日的柱線長度相差較大，柱線變化呈現為突然伸長或縮短。

    大多數情形下，價格走勢具有前後連貫性，柱線的長短變化也是線性的。少數情形下，價格走勢波動過大，柱線的長短變化往往呈現為非線性。下面結合一個案例加以說明。

    圖4-1是華民股份2021年4月至7月走勢圖。在圖中標注了柱線非線性變化的幾個交易日，每個交易日柱線較前一日大幅伸長，柱線長度的前後變化有一定的跳躍性，這種變化多與收盤價變動較大有關。

    一般來說，柱線出現這種非線性變化，是收盤價大幅偏離上一日、原有運行節奏被打破的訊號。此時，應密切留意價格走向，因為這往往是中短期趨勢方向的標誌。

    對比可見，在標注柱線線性變化的多個交易日，柱線的長短變化較

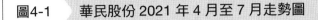

圖4-1　　華民股份 2021 年 4 月至 7 月走勢圖

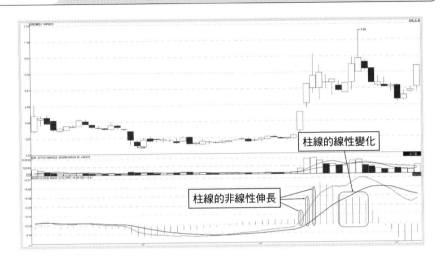

為緩和，沒有呈現跳躍式的伸長或縮短，這種線性變化方式更普遍。出現這種線性變化是收盤價變動較為連續的訊號，我們應關注柱線的線性變化方向，是紅柱線（或綠柱線）呈縮短趨向，還是伸長趨向，再結合短線位置把握價格波動方向。

顏色不變的線性變化

在柱線平緩伸長或縮短的過程中，如果柱線顏色未發生改變（或者顏色改變只是偶然出現，不具有持續性），表明多空力量對比格局未整體發生轉變。只要短期內價格波動不劇烈，可以按原有的趨勢策略進行操作。

下頁圖4-2是金卡智能2018年11月至2019年5月走勢圖。在圖中標注的柱線區域，可以看到紅柱線在伸長或縮短時有著連續、平緩的效果，這屬於線性變化方式。

期間柱線始終為紅色，價格走勢震盪上升，趨勢整體向上，此時宜持股待漲。但隨著局部紅柱線的整體性縮短，應留意多空力量的轉變，

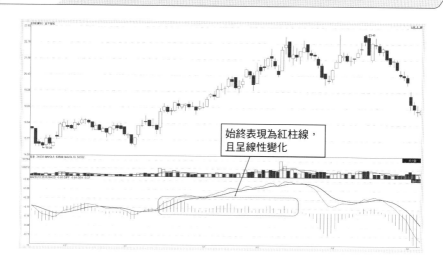

圖4-2　　金卡智能2018年11月至2019年5月走勢圖

> 始終表現為紅柱線，且呈線性變化

提防趨勢見頂的風險。

顏色改變的線性變化

　　隨著柱線長短的平緩變化，若柱線顏色發生改變，且改變顏色後的柱線有一定的長度並能夠持續多日，往往是多空力量對比格局發生變化的訊號。

　　此時，價格走勢雖然未打破原有的趨勢型態，但隨著多方（即柱線由綠轉紅的線性變化）或空方（即柱線由紅轉綠的線性變化）力量進一步增強，突破上漲或跌破下行的機率將大大增加。

　　圖4-3是三安光電2021年1月至6月走勢圖。在深幅下跌後的低位區，MACD柱線出現由綠變紅的線性變化，這是市場由空方力量占優勢逐漸向多方力量占優勢過渡的訊號。結合當前的低位區特性，操作上，可逢震盪回檔時進場。

圖4-3　三安光電 2021 年 1 月至 6 月走勢圖

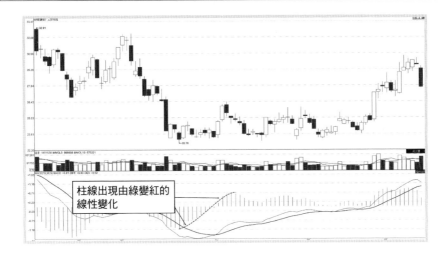

柱線出現由綠變紅的
線性變化

非線性變化與方向選擇

　　MACD柱線的非線性變化常對應著行情的出現，特別是在長期盤整之後，往往提示著短期的方向選擇。例如，低位盤整區若出現突然伸長的紅柱線，是價格突破的訊號，也是多方進攻有效的標誌；反之，高位盤整區若出現突然伸長的綠柱線，應提防跌破行情的風險。

　　下頁圖4-4是浙數文化2018年12月至2019年3月走勢圖。圖中標注A、B、C、D這4根紅柱線，B柱線相對於A柱線，是突然伸長的非線性變化，同樣地，C柱線相對於B柱線、D柱線相對於C柱線，都屬於非線性伸長型態。

　　連續幾根紅柱線的非線性伸長，也對應一波快速、大幅度的突破上漲行情，而這個行情最初是以B柱線的非線性伸長做為訊號。

　　可以說，在結合價格走勢的基礎上，柱線的非線性伸長型態有著重要的實戰意義，特別是在預判短期大行情時，應給予關注。

圖4-4　　浙數文化 2018 年 12 月至 2019 年 3 月走勢圖

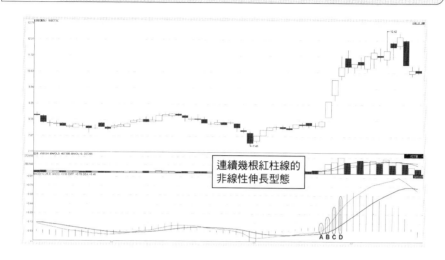

連續幾根紅柱線的
非線性伸長型態

透過 7 種柱線縮放型態，及時看懂中短線買進訊號

上一節講解柱線的線性變化與非線性變化，這兩種變化方式是進一步學習並利用柱線型態，把握買賣時機的基礎。

在實盤操作中，有些典型的柱線收縮、伸長型態能有效呈現市場多空訊息，特別是在短線交易中具有很強即時性。在價格波動幅度較大、較為急速的行情中，能及時發出買賣訊號。本節介紹如何利用柱線的縮放型態，把握中短線進場時機。

👁‍🗨 長紅柱線快速縮短接近 0 軸

較長的紅柱線出現時，短期漲幅往往已經較大，市場或將進入超賣狀態。這時，有向下回檔、釋放獲利賣壓的需要。在一波相對快速的回檔走勢中，若出現長紅柱線逐漸收縮、接近0軸，意味著短期內的空方力量已釋放較為充分，當前的價位將獲得支撐。基於趨勢持續的力量，新一波上漲走勢或將展開，此時是中短線買進時機。

下頁圖4-5是哈藥股份2019年1月至4月走勢圖。在趨勢整體向上的背景下，短期的快速上漲也引發深幅回檔，此時的紅柱線由長變短、接近0軸，這是短期支撐點出現的訊號。結合該股並未被破壞的上升趨勢型態來分析，是中短線的一個進場時機。

👁‍🗨 低位整理區綠柱線轉紅柱線

在經歷低位持續下跌後，若個股出現橫向整理走勢，期間的MACD柱線由綠柱線逐漸縮短，並轉變為紅柱線，表明隨著整理走勢的持續，

圖4-5	哈藥股份 2019 年 1 月至 4 月走勢圖

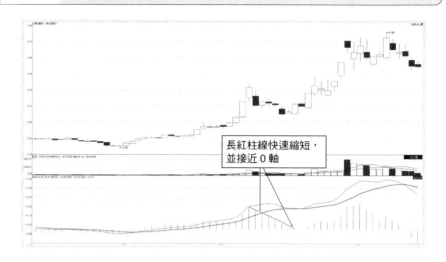

長紅柱線快速縮短，
並接近 0 軸

多方力量開始增強且占據優勢。

由於這時候的反彈上漲空間比較大，因此在多方力量轉強的背景下，價格走勢有望反轉突破。在操作上，可以關注其轉變為中短線進場的時機。

圖4-6是天箭科技2020年8月至2021年1月走勢圖。在圖中標注區域，價格走勢為低位整理，MACD柱線由綠線過渡為紅線且持續多日，多方力量已明顯轉強，是中短線買進訊號。

在窄幅整理走勢中，如果紅柱線由接近0軸的位置，經數個交易日緩緩伸長，這是多方力量開始增強的訊號，隨後向上突破窄幅整理區的機率較大，是短線買進訊號之一。

一般來說，緩緩伸長的紅柱線有兩種具體表現方式：

1. 由綠柱線持續收窄轉變為紅柱線

然後紅柱線緩緩伸長，這種表現形式往往對應著下跌後的低位整理走勢。

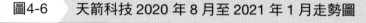

圖4-6　天箭科技 2020 年 8 月至 2021 年 1 月走勢圖

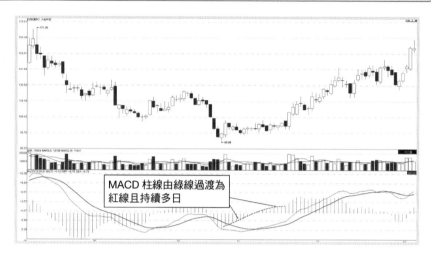

MACD 柱線由綠線過渡為
紅線且持續多日

2. 由長紅柱線收窄至 0 軸附近

紅柱線再度緩緩伸長，這種表現形式往往對應著上升途中的整理走勢。

無論哪種表現形式，只要價格的中短期漲幅不大，則柱線的這種變化方式就是一個相對可靠的上漲訊號。這是一種出現頻率較高的組合型態，且實戰作用突出。

下頁圖4-7是海量資料2021年2月至5月走勢圖。在低位整理走勢中，MACD綠柱線收窄並轉變成紅柱線，隨後緩緩伸長。在紅柱線伸長過程中，價格走勢仍舊為小幅度震盪整理。這是一個進場訊號，預示多方力量轉強後，價格走勢有望向上突破。

反彈後回檔中的紅長綠短柱線格局

在深幅下跌後的低位區，如果在反彈及隨後的回檔波段中，出現反彈時紅柱線很長、持續時間較長，回檔時綠柱線較短、持續時間相對也

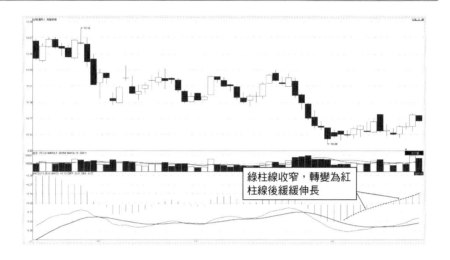

圖4-7　　海量數據 2021 年 2 月至 5 月走勢圖

> 綠柱線收窄，轉變為紅柱線後緩緩伸長

短，表明多方力量在此區間明顯轉強，個股再度跌破下行的機率較小。操作上，可以逢回檔低點適當買進布局，博取中短線行情。

　　圖4-8是高新興2020年12月至2021年4月走勢圖。在圖中標注的低位震盪區內，可以看到明顯的紅長綠短柱線排列方式，紅柱線長、持續時間長，綠柱線短、持續時間也相對短，這是多方力量明顯轉強，且空方力量大幅減弱的標誌。結合該股有較為充裕的反彈上漲空間來看，當價格走勢回檔時，宜逢低買進布局。

　　這是一種十分重要的中短線買進型態。一般來說，低位區的反彈回檔走勢越有獨立性、紅柱線與綠柱線的長短對比效果越鮮明，隨後突破低位區的力道往往就越強。

　　圖4-9是鵬輝能源2021年1月至6月走勢圖。低位區的震盪方式為先反彈再回檔，整理及反彈期間的紅柱線較長，回檔期間的綠柱線則大幅縮短。紅長綠短的柱線排列方式十分鮮明，這是醞釀突破行情的訊號。操作中，宜在回檔走勢中買進布局。

圖4-8　高新興 2020 年 12 月至 2021 年 4 月走勢圖

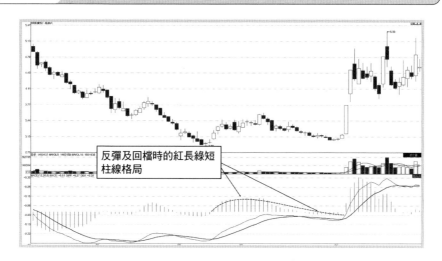

反彈及回檔時的紅長線短柱線格局

圖4-9　鵬輝能源 2021 年 1 月至 6 月走勢圖

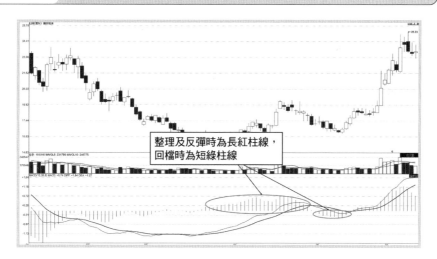

整理及反彈時為長紅柱線，回檔時為短線柱線

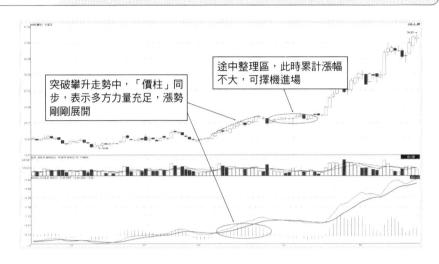

圖4-10　東富龍 2020 年 12 月至 2021 年 5 月走勢圖

穩健攀升中的價格與柱線同步

對於漲勢剛剛起步的攀升走向，如果在價格創新高時，MACD紅柱線長度也能夠同步創新高，即「價柱」同步，則表明多方力量充足，漲勢狀態良好，也預示上升趨勢持續推進的機率更大。

圖4-10是東富龍2020年12月至2021年5月走勢圖。在長期橫向整理之後，該股向上攀升創新高，此時的MACD紅柱線也同步創新高。這種價柱同步組合出現在漲勢剛剛啟動時，預示後期仍有較大的上漲空間，在隨後的中繼整理走勢中，可以擇機買進布局。

長綠柱線回歸 0 軸呈挖坑型態

在股價短期快速下跌後，MACD柱線呈長綠柱線。隨著跌勢的放緩或跌勢回穩，會出現綠柱線不斷縮短的趨向，這是多方力量或將轉強的訊號，但是多空力量對比格局是否開始轉變，此時難以確定，因為綠柱線在短暫縮短後，仍有可能再度伸長。

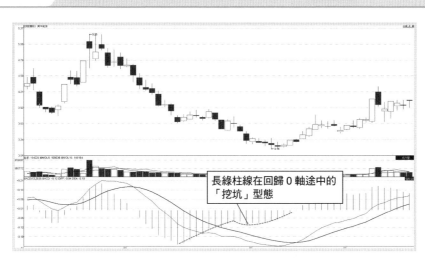

圖4-11　昊華能源 2020 年 12 月至 2021 年 3 月走勢圖

> 長綠柱線在回歸 0 軸途中的
> 「挖坑」型態

如果在綠柱線整體趨近0軸過程中，出現一個小規模的「挖坑」型態，即綠柱線在整體縮短過程中，出現局部先伸長再縮短的一個變化過程，表明短期內的空方力量已不占據主動。隨著柱線趨近0軸，多方力量已開始占據優勢，也預示中短線買進布局時機出現。

圖4-11是昊華能源2020年12月至2021年3月走勢圖。該股在持續下跌的過程中，出現了長綠柱線回歸0軸途中的挖坑型態。

挖坑只是一種形象說法，它是綠柱線在整體收縮過程中，一次局部「伸長再縮短」型態。挖坑型態的出現，表明多方力量整體占據優勢的格局未改變，也表明空方力量過度釋放。

隨著綠柱線接近0軸，多方力量優勢局面得到確認，價格走勢出現反彈或反轉的機率大增。操作上，當綠柱線接近0軸而價格又處於階段低點時，是較好的中短線進場時機。

次低位區持續長紅柱線

次低位是一個重要的位置區，要瞭解次低位，先從低位談起。低位

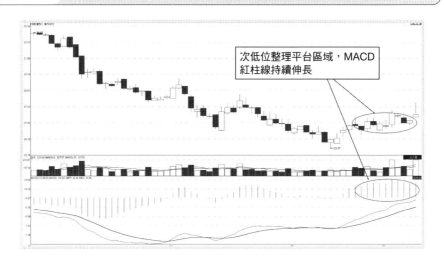

圖4-12　　福光股份 2020 年 12 月至 2021 年 3 月走勢圖

是指股價經過長期下跌，或是中短期跌幅極大，一般來說，跌幅不少於此前高點的50%。次低位則是指股價經過大幅下探後達到低位，即近期的最低點，隨後出現一波反彈，達到比近期這段時間最低股價高10%至20%的價位位置。

　　從中長線上看，次低位是比較低的位置，但如果從短線上看，它又是相對的高位，所以次低位指的是從中線上看的情況。

　　在次低位構築平台的過程中，如果MACD柱線呈紅色且處於持續伸長的狀態，表明此平台區域的多方力量較為充足，這個平台也是多方蓄勢的一個區域，隨後向上突破的機率較大。操作上，宜逢震盪回檔或是盤中回檔時買進布局。

　　圖4-12是福光股份2020年12月至2021年3月走勢圖。該股在經歷持久的下跌後，出現次低位的整理平台，期間的MACD紅柱線明顯伸長，且持續一段時間，這是價格走勢反轉的訊號。操作上，宜多不宜空。

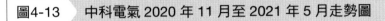

圖4-13　中科電氣 2020 年 11 月至 2021 年 5 月走勢圖

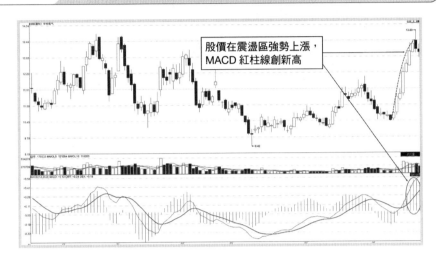

股價在震盪區強勢上漲，
MACD 紅柱線創新高

震盪回彈與紅柱線新高

　　隨著橫向震盪走勢的持續，價格最終將選擇方向，是向上突破或是跌破下行。如果在經歷長時間的橫向震盪之後，在一波漲至震盪區上沿位置的走勢中，出現紅柱線明顯伸長且創近期新高的型態，表明這一波上漲強勁有力、多方力量充足，隨後繼續向上且最終突破的機率較大。

　　在操作上，如果整個震盪區處於中長期的低位，有較大的突破上行空間，可以適當追漲進場。

　　圖4-13是中科電氣2020年11月至2021年5月走勢圖。股價在一波強勢上漲至震盪區高點的走勢中，MACD紅柱線明顯伸長且創近期新高，表明上漲走勢或將突破震盪區。在短期操作上，可逢盤中回檔時適當追漲參與。

4-3 想在短期高點賣出，得注意 8 種柱線反向縮放型態

第4-2節講解了提示買進訊號的柱線縮放型態，在實盤操作中，這些型態通常都可以反向運用，將「紅柱線」替換為「綠柱線」，將「低位整理」替換為「高位整理」，替換後的柱線型態正好具有相反的市場含義。

例如，「長紅柱線快速縮短接近0軸」型態，對應著強勢上漲後的回檔支撐時機出現，是提示進場的訊號，這可以替換為「長綠柱線快速縮短接近0軸」，則對應著大幅下跌後的反彈壓力時機出現，是提示賣出的訊號。

對於這樣的替換，本節不一一列舉，只在補充的基礎上，繼續講解一些較常見、能提示賣出時機的柱線縮放型態。

👁 紅柱線快速遞增式伸長

紅柱線快速遞增式伸長，是指在柱線的局部型態中，呈現後一日略高於前一日的狀態，這種遞增效果至少能夠保持5個交易日。在紅柱線遞增過程中，會伴隨價格的快速上漲。

一般來說，柱線的這種遞增型態出現前有兩種表現方式。

1. 持續的紅柱線

對應著上升途中的震盪整理，此時出現的紅柱線遞增，是價格走勢繼續突破上漲的標誌。

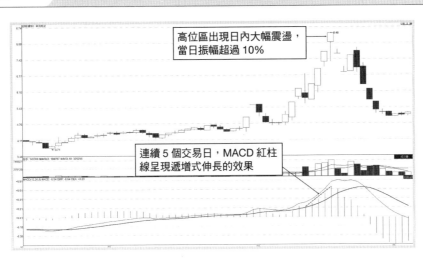

圖4-14　祥龍電業 2021 年 2 月至 5 月走勢圖

高位區出現日內大幅震盪，當日振幅超過 10%

連續 5 個交易日，MACD 紅柱線呈現遞增式伸長的效果

2. 持續的綠柱線

　　對應著一波下跌走勢，隨後綠柱線的縮短與紅柱線的伸長一氣呵成（如果綠柱線在縮短過程中呈現遞減效果，可視為紅柱線遞增的一部分），這時候的遞增是價格走勢強勁反彈的標誌。

　　實盤操作中，紅柱線的快速伸長也對應著多方力量的加速釋放，一旦多方力量減弱，重重的獲利賣壓就會將價格輕易打落，應注意把握短期高點賣出時機。

　　當紅柱線無法再度伸長，或紅柱線已至少5個交易日保持遞增，而且此時出現其他賣出訊號時，往往預示著短期高點出現，宜獲利減倉或賣出退場。

　　圖4-14是祥龍電業2021年2月至5月走勢圖。在其中標注的5個交易日，MACD紅柱線呈遞增式伸長，同期的價格走勢為快速上漲，急速上漲後的高位區出現單日振幅超過10%的情形。

　　雖然當日收盤價創新高，但是過大的盤中振幅彰顯空方賣壓沉重，

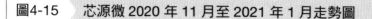

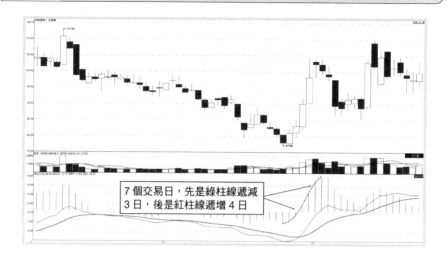

圖4-15　芯源微 2020 年 11 月至 2021 年 1 月走勢圖

7 個交易日，先是綠柱線遞減
3 日，後是紅柱線遞增 4 日

多空分歧加劇，而且此時的紅柱線已遞增伸長5個交易日，應當提防短期頂部的出現。暴漲往往也伴隨著暴跌，操作上宜獲利離場，規避短期風險。

　　圖4-15是芯源微2020年11月至2021年1月走勢圖。在其中標注的7個交易日裡，先是綠柱線逐漸縮短3日，隨後是紅柱線遞增式伸長4日。在紅柱線遞增伸長的最後2日，股價收於小陰線，柱線伸長與價格上漲已不再同步，這是短線見頂的訊號之一。操作上宜賣出。

高點紅柱線脈衝式伸長

　　紅柱線脈衝式伸長，是指在相對平緩的伸長過程中，某個交易日的紅柱線突然比前一日明顯高出一截，顯示出明顯的不連續性。

　　股價的高點在短期已有較大漲幅，且原本紅柱線已明顯伸長的情況下，某個交易日紅柱線又出現脈衝式的伸長效果，就是「高點紅柱線脈衝式伸長」型態。

　　當紅柱線經歷這種脈衝式伸長之後，往往會達到極限狀態，短期內

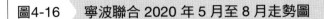

圖4-16　寧波聯合 2020 年 5 月至 8 月走勢圖

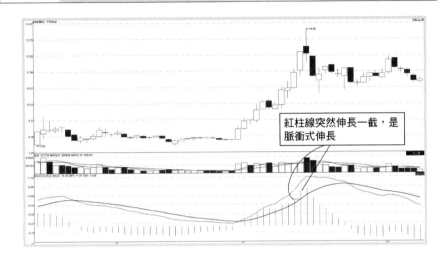

紅柱線突然伸長一截，是
脈衝式伸長

的多方力量也將由強轉弱，價格走勢隨之出現深幅整理。操作上，應注意把握賣出時機。

　　圖4-16是寧波聯合2020年5月至8月走勢圖。在股價持續上漲過程中，紅柱線穩步伸長，多方動能充足，此時應耐心持有。隨後的短期高點出現紅柱線脈衝式伸長，這是短線見頂的一個訊號，應注意規避價格回檔風險。

高位震盪長紅柱線變綠柱線

　　在中短期大幅上漲之後，股價或將進入頂部區間，或進入上升趨勢的中繼整理環節。此時，可以借助柱線顏色的變化來分析。

　　在高位震盪區，若MACD柱線由較長的紅柱線變為綠柱線，且綠柱線持續時間較久，表明多空整體力量對比格局發生轉變，預示頂部區出現的機率大增。

　　長紅柱線代表多方力量完全占據主動，對應著股價上漲與創新高。轉變後的持續性綠柱線，代表空方力量已占據主動。隨著震盪的持續，

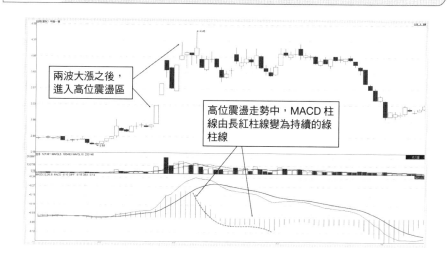

圖4-17　　中國一重 2019 年 1 月至 5 月走勢圖

隨後的價格方向向下的機率更大。在操作上，可以逢震盪回升之際賣出離場。

　　圖4-17是中國一重2019年1月至5月走勢圖。股價經歷大幅上漲之後，在高位區橫向震盪，期間MACD柱線由長紅柱線變為綠柱線，雖然綠柱線較短，但持續時間較長，這是空方力量開始占據優勢的訊號，應提防頂部的出現。操作上應逢高賣出。

⊙ 長紅柱線直接變為綠柱線

　　在一波價格上漲過程中，紅柱線會不斷伸長直至這一波上漲結束。柱線因一波價格快速、大幅上漲而變為長紅柱線之後，遇到價格走勢的整理、回檔，就會縮短。

　　如果紅柱線收縮至0軸附近時，沒有再度伸長，而是直接變為綠柱線，表明短期內的空方賣壓十分沉重且持續性強。此時，雖然價格已在高點有所回檔，但在空方的賣壓下，仍有進一步走低的可能，不宜過早抄底進場。

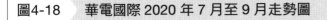

圖4-18　華電國際 2020 年 7 月至 9 月走勢圖

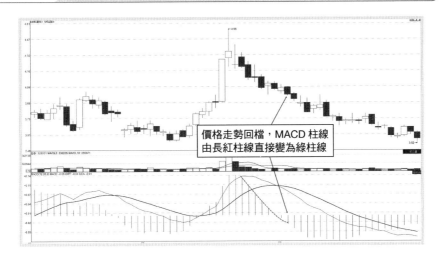

價格走勢回檔，MACD 柱線
由長紅柱線直接變為綠柱線

　　圖4-18是華電國際2020年7月至9月走勢圖。可以看到，上漲前的啟動位有一定支撐作用，但此時的MACD柱線已由長紅柱線直接變為綠柱線，空方賣壓依舊十分沉重，此時不宜實施中短期抄底操作。

長陽線突破時紅柱線極短

　　在價格走勢以長陽線向上突破時，若紅柱線極短，表明多方動能不足。特別是在價格大漲後高位區突破過程中，往往是「假突破、真反轉」的訊號。

　　極短的紅柱線表明此前的多方力量蓄勢不足，此時價格的上漲並創新高，更應視為價格的偶然波動，而不是行情的突破。如果價格此時處於高位區，則可能是主力的一次誘多操盤行為，隨後反向下行的機率較大，追漲買進的風險極大。

　　下頁圖4-19是內蒙一機2020年11月至2021年2月走勢圖。在股價以長陽線向上突破高位整理區時，MACD紅柱線卻處於極短狀態，這種型態易引發價格走勢突然反轉，應注意規避風險。

> **圖4-19　內蒙一機 2020 年 11 月至 2021 年 2 月走勢圖**

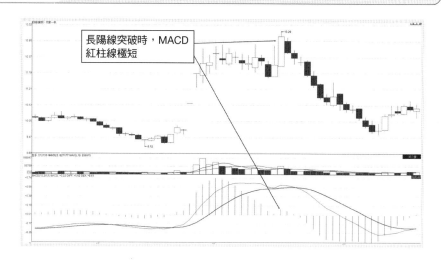

長陽線突破時，MACD
紅柱線極短

震盪上升後紅柱線縮短

　　震盪上升是多方力量有序釋放、占據優勢的結果，只要多方力量總體占優勢，震盪上升格局就會持續下去。在震盪上升波段，如果MACD紅柱線能夠保持明顯的伸長狀態，則表明多方力量充足，此時趨勢上行，可以實施短線的低買高賣、持股待漲的策略。

　　若隨著震盪上漲行情的推進，MACD紅柱線較之前大幅縮短，雖然此時的價格走勢能夠創新高，且上升型態依舊良好，但是多方力量已開始整體減弱，趨勢見頂或反轉向下的機率增加。操作上，宜實施賣出離場策略。

　　圖4-20是海油發展2021年1月至4月走勢圖。見圖中標注的位置點，股價在經歷幾波震盪上升後，已累積一定的漲幅，這一波上漲的MACD紅柱線明顯縮短，這是多方力量減弱的訊號，預示中期頂部將出現。操作上，應賣出以鎖定利潤。

圖4-20　海油發展 2021 年 1 月至 4 月走勢圖

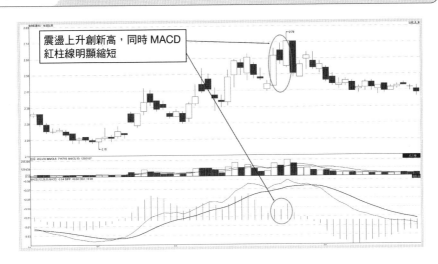

震盪上升創新高，同時 MACD
紅柱線明顯縮短

價格穩步攀升創新高，柱線轉綠

在價格走勢穩步攀升的情況下，MACD柱線基本為紅色，這是多方力量占優勢的標誌，也是漲勢持續推動的訊號。如果隨著累計漲幅的增加，雖然價格走勢在穩步上漲中能創新高，但是同期的MACD柱線卻轉變成持續的綠色，表明個股在高位區的上漲節奏出現變化，這往往源於多空力量的轉變，應注意趨勢見頂的風險。

下頁圖4-21是飛科電器2020年4月至9月走勢圖。可以看到，股價的整個上升過程是穩健推進，走勢上沒有短線的劇烈波動，但在高位區的攀升中卻出現柱線轉綠的情況，這是見頂的訊號。

回升回穩中收窄的綠柱線

在價格走勢回升並以橫向整理方式回穩之後，從K線型態來看，似乎有望繼續突破上行。但是，如果同期的MACD柱線未隨著整理走勢轉變為紅色，即使當前綠柱線較短，也表明空方力量依舊占據優勢，應注

圖4-21　飛科電器 2020 年 4 月至 9 月走勢圖

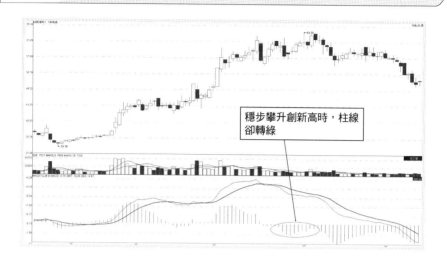

穩步攀升創新高時，柱線
卻轉綠

圖4-22　大悅城 2020 年 6 月至 9 月走勢圖

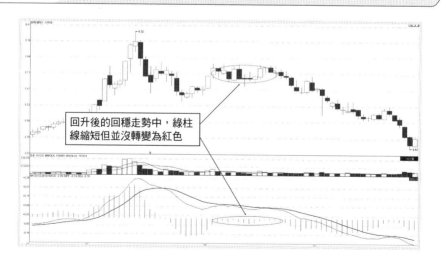

回升後的回穩走勢中，綠柱
線縮短但並沒轉變為紅色

意規避隨後跌破向下的風險。

　　圖4-22是大悅城2020年6月至9月走勢圖。可以看到，在股價整體走勢上升的背景下，高位區出現深幅回檔、回升回穩的一波寬幅震盪。在回升後的整理過程中，雖然綠柱線縮短，但依舊沒有轉變為紅色，這是多空力量對比格局悄然發生轉變的訊號，應注意趨勢的反轉。操作上，這個整理區不宜再持股待漲。

觀察柱線區面積的轉變，推敲出中線進場時機

柱線的長短變化與漲跌速度直接相關，在結合價格走勢的基礎上，它能夠預示多空力量的變化，進而幫助投資者把握短期高低點，是較好的短線交易技術指標。但是，對於中線行情來說，投資者更應分析多空力量的整體對比格局，這方面可以透過柱線區面積來分析。

本節先介紹柱線區面積的基本知識，再講解如何利用柱線區面積變化，把握中線進場時機。

0 軸兩側的紅綠柱面區態

柱線的顏色變化有一個循序漸進的過程。所謂的柱線區面積（也稱為柱面區），就是由一組顏色相同的多根柱線組成的一個面積區域。柱面區的左右兩側以接近0軸的短柱線做為分割標誌，具體可以分為紅柱面區、綠柱面區兩種。以下結合一個案例進行說明。

圖4-23是老白乾酒2021年2月至7月走勢圖。圖中標注三個紅柱面區、兩個綠柱面區，每一個柱面區的左右兩側都是以接近0軸的柱線做為分割標誌。

每一個柱面區都對應著一個獨立的局部運動型態。例如，最左側的紅柱面區，對應著低位震盪中的一波反彈及回檔；最右側的綠柱面區則對應著價格重心緩緩下移的一波走勢。

瞭解柱面區含義及用法

柱面區對應著價格的局部運動，它蘊含什麼樣的資訊？要如何借助

圖4-23　老白乾酒 2021 年 2 月至 7 月走勢圖

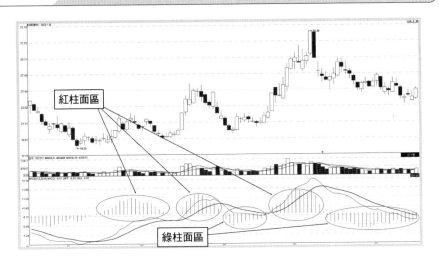

它來把握多空力量變化？

　　一般來說，可以將紅柱面區理解為多方區域，將綠柱面區理解為空方區域。柱面區主要用於分析股價的震盪行情，在趨勢方向不明朗時，借助柱面區直觀呈現的多空區域大小，可以較好掌握市場當前的多空力量變化情況。

　　若一段時間內的紅柱面區大於綠柱面區，表明多方力量相對占優勢；反之，若綠柱面區大於紅柱面區，表明空方力量相對占優勢。實盤操作中，在結合趨勢運行的背景下，利用紅綠柱面區的大小變化，可以更好判斷後期的價格選擇方向。

　　但是，在利用柱面區分析多空格局時，應注意若每個紅柱面區與綠柱面區都相對較小，此時即使能直觀看出兩者的相對大小，但不能反映市場多空訊息，也不能做為方向判斷的依據。這可以稱為柱面區鈍化現象，更宜使用其他分析方法。

　　下頁圖4-24是新城控股2020年3月至2021年1月走勢圖。在相對高位的橫向震盪過程中，雖然紅柱面區明顯小於綠柱面區，但這期間的每個綠柱面區都較小，屬於柱面區鈍化，不適用於分析多空力量的變化。

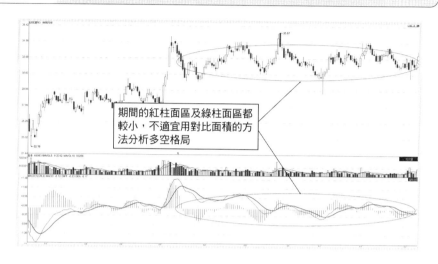

圖4-24　　新城控股 2020 年 3 月至 2021 年 1 月走勢圖

> 期間的紅柱面區及綠柱面區都較小，不適宜用對比面積的方法分析多空格局

👁 低位震盪出現放大紅柱面區

在相對低位的震盪走勢中，如果在價格反彈波段出現明顯放大的紅柱面區，表明多方力量有轉強趨向，後期反轉突破向上的機率較大。操作上，宜逢震盪回檔時買進。

圖4-25是怡球資源2019年11月至2020年8月走勢圖。價格在低位區出現寬幅震盪，價格上下波動幅度較大，期間的兩個反彈波段均出現明顯放大的紅柱面區，對比同期回檔波段的綠柱面區，優勢明顯。這是多方力量整體轉強的訊號，預示中期底部的出現。

👁 低位反彈波段出現「山峰」型態

在相對低位的反彈走勢中，如果MACD柱線能夠在反彈波段呈現「山峰」式的型態特徵，可視作多空力量對比格局發生轉變的訊號。

一般來說，這種山峰式柱面區常見於漲勢中的上漲回檔波段，有著較大的面積區域，是多方力量整體占優勢的標誌。低位反彈或震盪走勢

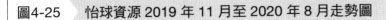

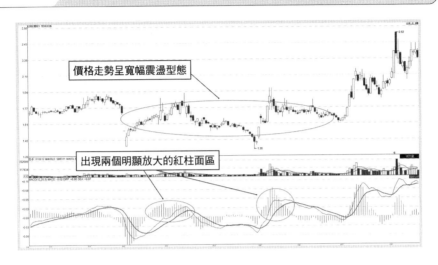

圖4-25　怡球資源 2019 年 11 月至 2020 年 8 月走勢圖

價格走勢呈寬幅震盪型態

出現兩個明顯放大的紅柱面區

中出現這種型態，往往是趨勢轉向的訊號。操作上，可逢回檔低點買進布局。

　　下頁圖4-26是創元科技2020年12月至2021年3月走勢圖。在低位的震盪反彈波段，出現山峰式的紅柱面區，這是多方力量轉強的訊號，也預示後期的突破行情。

跌勢中的柱面區縮小

　　在下跌過程中，綠柱面區較大，這是空方力量占優勢的標誌。隨著跌勢的推進，綠柱面區縮小或逐漸轉變成紅柱面區，這種變化可以被稱為「跌勢中的柱面區縮小」，是空方優勢格局越來越弱，多方力量不斷轉強的標誌。

　　一般來說，柱面區在經過兩次明顯的縮小後，多空力量對比格局出現轉變的機率極大。

　　當柱面區顏色由綠色轉變為紅色後，雖然紅柱面區還相對較小，但如果伴隨同期回穩的價格走勢和前期巨大的跌幅，則反轉空間巨大，在

圖4-26　　創元科技 2020 年 12 月至 2021 年 3 月走勢圖

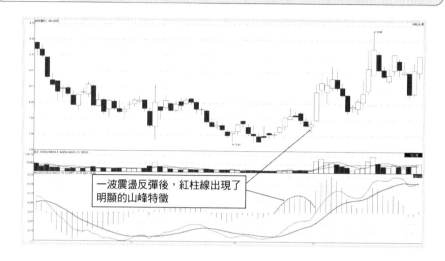

一波震盪反彈後，紅柱線出現了明顯的山峰特徵

圖4-27　　一汽解放 2017 年 9 月至 2018 年 1 月走勢圖

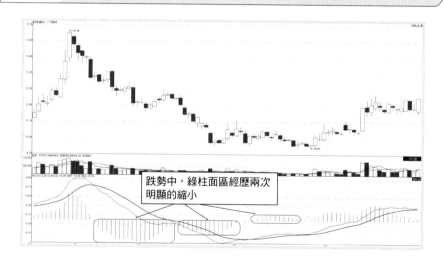

跌勢中，綠柱面區經歷兩次明顯的縮小

多方力量進一步轉強的推動下，趨勢可能會反轉上行。操作上，應注意把握底部進場時機。

　　圖4-27是一汽解放2017年9月至2018年1月走勢圖。隨著跌勢推進，柱面區在縮小，當紅柱面區出現時，價格走勢回穩並位於中長期低點，這是進場布局的好時機。

4-5 哪些柱線區面積型態，視為空方占優勢的標誌？

上一節講解，如何利用柱面區的顏色變化和大小，來買進股票。本節繼續講解，哪些柱面區型態能提示空方力量的轉強，以幫助投資者把握賣出時機。

⊙ 高位震盪中的綠柱面區

在高位區的橫向震盪走勢中，如果出現明顯放大的綠柱面區，表明空方力量有轉強趨向，當前的震盪區或將成為中期頂部。

圖4-28是興業證券2018年11月至2019年5月走勢圖。可以看到，高位區出現寬幅震盪走勢，雖然股價在震盪中再創新高，但震盪區出現較大的綠柱面區。操作上，宜在震盪回升時賣出離場。

⊙ 漲勢整理中的綠柱面區

在漲勢整體型態良好的背景下，如果在橫向的窄幅整理過程中，出現較大的綠柱面區，表明空方力量在顯著增強，對於漲勢持續運行或將發揮較強的壓力作用。實盤操作中，應注意規避趨勢反轉風險，控制好倉位。

圖4-29是健盛集團2018年10月至2019年6月走勢圖。股價在上升趨勢中的小幅回檔後，出現較長時間的橫向整理，期間股價重心未見下移，但同期的綠柱面區明顯增大，這是漲勢遇阻的訊號。操作上，應逢高賣出，不宜再長線持有。

| 圖4-28 | 興業證券 2018 年 11 月至 2019 年 5 月走勢圖 |

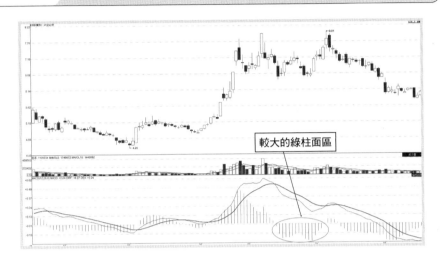

較大的綠柱面區

| 圖4-29 | 健盛集團 2018 年 10 月至 2019 年 6 月走勢圖 |

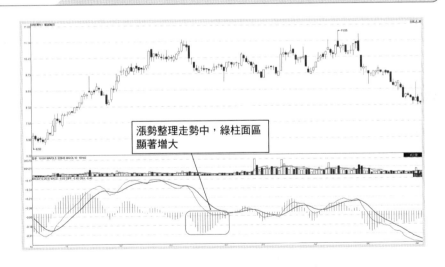

漲勢整理走勢中，綠柱面區
顯著增大

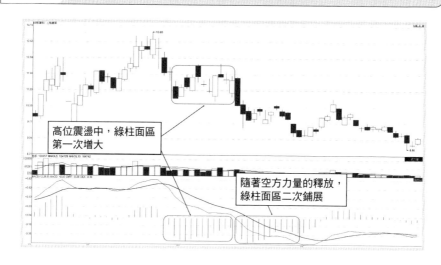

圖4-30　三維通信 2020 年 1 月至 4 月走勢圖

高位區綠柱面區的二次鋪展

在高位區，如果在價格回檔幅度不大時，出現明顯增大的綠柱面區，往往表明多空力量對比格局在轉變。由於此時的價格跌幅不大，所以隨著空方力量的陸續釋放，後期有較大的下行空間，並會再度出現增大的綠柱面區，稱為「綠柱面區的二次鋪展」。

圖4-30是三維通信2020年1月至4月走勢圖。可以看到，在高位區的震盪過程中，先是震盪中出現一個明顯增大的綠柱面區，隨後因空方力量的持續釋放，綠柱面區出現二次鋪展，並伴隨價格的持續下行。

可以說，在高位震盪中，若出現一個明顯增大的綠柱面區，操作上宜尋找逢高賣出時機，規避綠柱面區二次鋪展帶來的下跌風險。

漲勢中的柱面區縮小

在上升過程中，紅柱面區較大，是多方力量占據優勢的標誌。隨著漲勢的推進，紅柱面區縮小或逐漸轉變成綠柱面區，可以稱為「漲勢中

圖4-31　廈工股份 2021 年 1 月至 5 月走勢圖

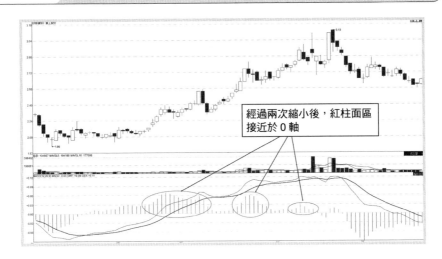

經過兩次縮小後，紅柱面區接近於 0 軸

的柱面區縮小」，這是多方優勢格局越來越弱、空方力量不斷轉強的標誌。

　　一般來說，紅柱面區在經過兩次明顯的縮小後（或是轉變為綠柱面區），多空力量對比格局出現轉變的機率極大。雖然價格走勢創新高，但是趨勢反轉的機率也在增加，漲勢見頂的風險較大。在操作上，宜逢高賣出。

　　圖4-31是廈工股份2021年1月至5月走勢圖。隨著漲勢推進，紅柱面區在縮小，第二次縮小後，紅柱面區接近於0，此時應注意把握高位減倉的時機。

4-6 利用柱線峰值的 4 種型態，輔助驗證買進時機

柱線峰值是指紅柱線（或綠柱線）在價格快速波動中，創近一、兩年來的新高（或新低）。紅柱線峰值的出現，常見於多方力量達到最強狀態時，而綠柱線峰值的出現，則常見於空方力量達到最強狀態時。

利用MACD指標的柱線峰值型態，能及時瞭解市場多空力量對比格局的變化，把握價格走向。本節在介紹柱峰運用方法的基礎上，講解如何透過不同的柱峰型態把握買進時機。

柱峰型態與運用方法

柱峰可以理解為柱線值的頂峰，主要特點展現在它的峰值上，是一種極限狀態。一般來說，峰值應明顯高於近一、兩年的柱線值（紅柱線峰值與紅柱線值比較，綠柱線峰值與綠柱線值比較），這樣的柱峰才能很好地展示多空力量的極限變化，進而提示價格走向。

如果峰值只是略大於近期的柱線值，即使峰值是近期的最大值，但「峰」的特點不明顯，實戰意義也不強。

圖4-32是桃李麵包2019年5月至2021年4月走勢圖。可以看到，在近兩年的走勢中，綠柱峰很突出，明顯大於其他時間段的綠柱線，這是一個典型的綠柱峰。它準確地預示空方力量的整體轉強，是趨勢轉向的一個預警訊號。

透過這個案例可以瞭解，柱峰型態更多運用於趨勢的研判，由於價格短期波動的偶然性，柱峰出現後，並不意味著趨勢的快速轉向，價格仍有可能反覆波動。然而，當前的價位區往往就是柱峰提示的頂部區（或底部區）。

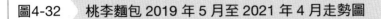

圖4-32　　桃李麵包 2019 年 5 月至 2021 年 4 月走勢圖

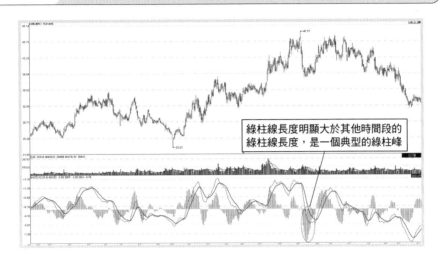

綠柱線長度明顯大於其他時間段的綠柱線長度，是一個典型的綠柱峰

下頁圖4-33是元祖股份2019年6月至2020年6月走勢圖。在圖中標注的右側綠柱區內，柱線值已創新高，但是它與高位下跌時的綠柱線值相近，因此並非一個實戰意義突出的綠柱峰型態。

如果認為這是一個典型的綠柱峰，並將其與空方力量的強大連結，得出跌勢仍將持續下去的結論，顯然是錯的。因為，這個分析過程忽略綠柱峰特有「凸」出的型態特徵，也忽略趨勢運行情況。

在實戰運用中，柱線的峰值狀態一定要結合價格走勢情況。因為，柱線峰值更多是代表著短期內的多空力量狀態，唯有將趨勢運行狀態、短期價格走勢、柱線峰值情況結合起來，才能準確把握價格轉向時機。

突破點柱線峰值不斷提升

在長期震盪之後，特別是相對低位區的震盪蓄勢，如果在價格向上突破盤整區時，有紅柱線達到峰值狀態予以配合，表明多方力量優勢明顯。趨勢上升訊號更為可靠，價格走勢突破後在相對高點走穩的成功率更高。操作上，在市場整體向好的背景下，可以適當追漲參與。

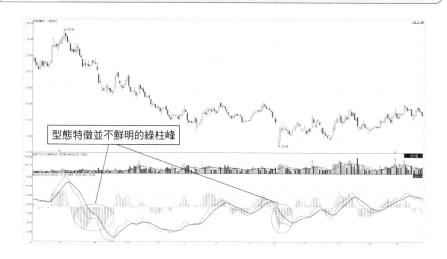

圖4-33　元祖股份 2019 年 6 月至 2020 年 6 月走勢圖

型態特徵並不鮮明的綠柱峰

　　圖4-34是三孚股份2021年3月至6月走勢圖。可以看到，該股向上突破長期震盪區時，紅柱線快速放出並創下近年來的新高，這種紅柱線峰值狀態，是一種對突破可靠性的輔助驗證。結合個股的趨勢運行情況和短期漲幅不大的情況來看，突破後繼續上行的機率較大，可以適當買進，短線追漲參與。

價格跌破綠柱線大幅縮短

　　在中長期的低位區，價格走勢再度下跌並創新低，若在價格跌破時，出現MACD綠柱線明顯縮短，且遠遠短於近一、兩年的峰值的情況，表明空方力量已大大減弱，當前的跌破下行更多源於趨勢慣性。操作上，可以適當抄底進場，博取底部和隨後的趨勢反轉出現。

　　圖4-35是首創環保2020年9月至2021年3月走勢圖。在標注的跌破新走低勢中，可以看到MACD綠柱線遠遠短於2020年9月後的峰值，這就是「價格跌破綠柱線大幅縮短」型態。當此型態出現在中長期低位區，預示趨勢隨時反轉上行，可以做為抄底進場訊號之一。

圖4-34　　三孚股份 2021 年 3 月至 6 月走勢圖

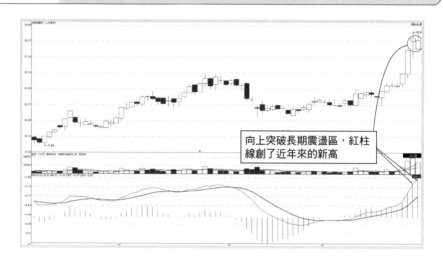

向上突破長期震盪區，紅柱
線創了近年來的新高

圖4-35　　首創環保 2020 年 9 月至 2021 年 3 月走勢圖

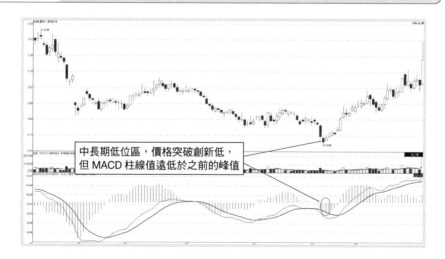

中長期低位區，價格突破創新低，
但 MACD 柱線值遠低於之前的峰值

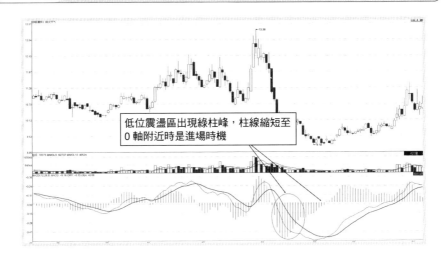

> **圖4-36** 皖天然氣 2020 年 8 月至 2021 年 4 月走勢圖

低位震盪區出現綠柱峰，柱線縮短至 0 軸附近時是進場時機

　　實盤操作中，應注意那些有重大利空消息的個股，由於這些個股沒有業績支撐且利空消息不斷，因此並不適用於採用此類技術分析手段。

中長期低位區的綠柱峰型態

　　在中長期的低位區，短期內的大幅下跌，使得MACD指標區出現綠柱峰型態，往往表明空方力量過度釋放。股市在短期內也將進入超賣狀態，容易引發價格走勢的強勁反彈或趨勢反轉。

　　在操作上，應等到綠柱線接近0軸時進場。此時的空方力量釋放完畢，多方力量也開始轉強，價格往往正處於階段低點。

　　圖4-36是皖天然氣2020年8月至2021年4月走勢圖。可以看到，價格長期處於中長期的低位區橫向震盪，在圖中標注的時間段，短期內的快速、深幅下跌形成一個鮮明的MACD綠柱峰型態。隨後，綠柱線快速縮短並靠近0軸，此時的價格也處於階段低點，是較好的中短線進場布局時機。

圖4-37　東宏股份 2020 年 2 月至 10 月走勢

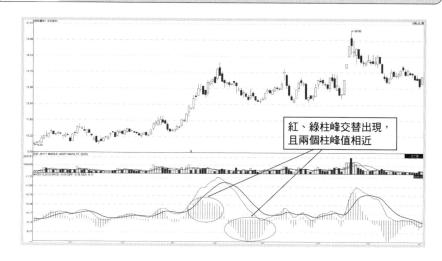

紅、綠柱峰交替出現，
且兩個柱峰值相近

紅綠柱峰交替下的震盪行情

　　在持續上漲之後，因多空分歧加劇，價格走勢往往出現震盪，多空力量的轉變也不是一蹴而就。如果先因一波價格上漲出現紅柱峰，隨後價格回檔出現綠柱峰，且兩個柱峰長度相近，則此位置區出現寬幅震盪的機率較大。在綠柱峰出現且短線回檔幅度較大時，可以適當短線抄底，取得反彈的獲利。

　　在應用這種型態時，應注意交替出現的紅、綠柱峰，並不是由急漲急跌的價格快速波動所形成，而是由相對平緩、具有一定持續性的漲跌波段所形成。因為在急漲急跌走勢下出現的紅、綠柱峰，往往對應著多空力量的快速逆轉，是趨勢急速轉向的訊號。

　　圖4-37是東宏股份2020年2月至10月走勢圖。個股在一波持續上漲中出現紅柱峰，隨後在深幅下跌中出現綠柱峰，兩個柱峰值相近。在紅、綠柱峰交替出現的背景下，趨勢運行轉為寬幅震盪，短期深幅回檔的低點是較好的短線進場點。當綠柱峰出現縮短趨向，且價格處於階段低點時，是好的抄底時機。

峰柱線 3 日不再放大，表示短期內上漲動力減弱

上一節講解柱線峰值型態下的買進技術，本節繼續結合案例，說明柱線峰值型態提示的賣出時機。

高位深幅回檔出現綠柱峰

在累計漲幅較大的高位區，如果一波深幅、快速的下跌走勢，使得 MACD 指標區出現綠柱峰型態，表明空方力量轉強速度快、整體優勢明顯，往往是趨勢快速轉向的訊號。

由於趨勢剛剛轉向，在經歷短暫反彈或整理之後，再度跌破向下的機率較大。操作上，宜逢反彈賣出。

圖 4-38 是烽火電子 2020 年 3 月至 12 月走勢圖。可以看到，高位區的一波深幅下跌，使 MACD 指標區出現明顯的綠柱峰型態，這是趨勢轉向下行的訊號。一般來說，綠柱峰的出現，表明空方力量已快速轉強，頂部區第一波下跌後的反彈空間往往較窄。操作上，不宜對反彈幅度期望過高，應及時減倉或清倉賣出，規避新一輪下跌風險。

高位回檔走勢中的綠柱峰，也能幫助我們判斷價格深幅下跌後是否有可能進入底部。如果綠柱峰值遠大於前期低點時的綠柱線值，表明空方力量仍有待進一步釋放，當前的整理走勢很難成為築底區。中長線操作上，不宜買進布局。

圖 4-39 是永貴電器 2018 年 12 月至 2019 年 8 月走勢圖。圖中顯示，高位區一輪下跌時的綠柱峰值，遠大於前期低點時的綠柱線值，隨後雖然出現長期的橫向整理，但是這個價位區緊鄰綠柱峰出現，由於綠柱峰提示空方力量的強大，這個價位區很難築底成功，因此這個區域不是中長

| 圖4-38 | 烽火電子 2020 年 3 月至 12 月走勢圖 |

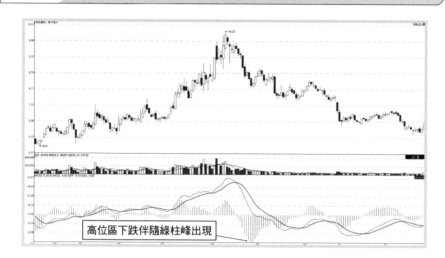

高位區下跌伴隨綠柱峰出現

| 圖4-39 | 永貴電器 2018 年 12 月至 2019 年 8 月走勢圖 |

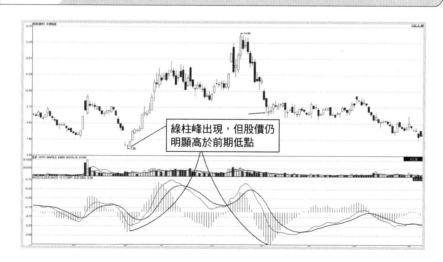

綠柱峰出現，但股價仍
明顯高於前期低點

圖4-40　　中國人保 2020 年 4 月至 7 月走勢圖

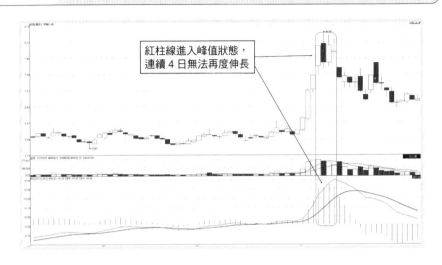

線進場的最佳位置區。

👁️ 井噴行情的峰柱線多日堆積

短期內的井噴走勢是指價格直線上漲且漲幅極大。一般來說，紅柱線能夠在井噴行情尾聲，進入近年來的峰值狀態，這就是峰柱線。如果峰柱線出現至少3日內無法再度放大的情況，表明短期內繼續上漲動力減弱，在沉重的獲利賣壓下，價格走勢將急速轉折下行，應當注意規避風險。

圖4-40是中國人保2020年4月至7月走勢圖。可以看到，在井噴行情中，紅柱線快速伸長，並達到近年來的峰值狀態，隨後在價格高點，紅柱線連續4個交易日無法再度伸長。這時候，不應再看漲股價，宜短線賣出。

圖4-41　太平鳥 2020 年 6 月至 2021 年 1 月走勢圖

高位區的一波強勢上漲，出現 MACD 紅柱峰型態

中長期高點的紅柱峰型態

在中長期的高位區，如果一波持續的上漲，使得MACD指標區出現紅柱峰型態，表明多方力量開始集中釋放，股市中在短期內也將進入超買狀態。隨著獲利賣壓的快速增強，容易引發價格走勢的深幅回檔或趨勢反轉。

操作上，如果短期漲速較快，則紅柱線由峰值狀態開始縮短時，宜及時賣出，避免價格快速回檔。若紅柱線快速縮短至0軸附近，但股價未見明顯回檔，此時往往是較為明確的中長線離場點。

圖4-41是太平鳥2020年6月至2021年1月走勢圖。在中長期高位區的一波強勢上漲中，出現鮮明的MACD紅柱峰型態。結合該股累計漲幅來看，多方力量在經歷這次集中釋放後，後續可能會轉弱，趨勢見頂機率加大，宜採取中長線賣出操作。

對於高位區出現的MACD紅柱峰型態，投資者應注意規避價格走勢快速轉向下跌的風險。如果在紅柱峰出現後，MACD紅柱線以遞減的方式快速接近0軸，往往表示空方力量轉強速度快、高位賣壓重，是短期

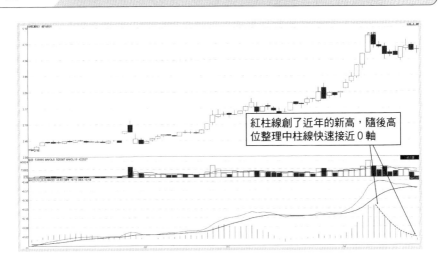

圖4-42　迪馬股份2019年1月至4月走勢圖

紅柱線創了近年的新高，隨後高位整理中柱線快速接近０軸

內價格走勢或將「跳水」的訊號。

　　圖4-42是迪馬股份2019年1月至4月走勢圖。可以看到，在高位區的紅柱峰出現後，僅僅數個交易日，MACD柱線就快速接近0軸，此時的價格並未明顯回檔，但是MACD柱線已提出預警訊號。操作上，應及時賣出以規避大幅下跌風險。

NOTE

/ / /

聯合交易技術，顧名思義是一種聯合多種分析方法的交易技術。在各種股票分析技術中，最根本的當屬型態與量能分析法。若能夠聯合多種分析方法，交易成功率往往可以進一步提升，而且能識別出一些虛假的買賣訊號。

　　特別是在把握短線買點上，如果運用多種分析方法能得到買進訊號，則短線的進場風險將大大降低。

　　本章將進一步講解 MACD 指標與其他技術分析方法的聯合交易技術。由於 MACD 指標本身包含眾多的買賣型態，其他技術分析方法也是如此，因此難以羅列所有情況。本章只介紹一些較經典的聯合交易技術，發揮拋磚引玉的作用。

第 5 章

結合多種技術分析方法，
成功辨識真假訊號

5-1 同時關注大盤指數，能洞悉布局強勢股的契機

大盤指數反映市場的整體運行情況，是我們觀察市場走勢強弱的參考。個股走勢離不開市場帶動，市場整體強勢時，個股上漲有助推動力；市場整體弱勢時，個股上漲將壓力重重。可以說，市場的強弱牢牢牽引著個股。

雖然絕大多數個股隨波逐流，但也有一些個股能逆流而上。特別是在市場震盪或偏弱的背景下，個股走勢往往明顯分化，強者恒強的市場格局特點突出。這就需要投資者把個股走勢納入市場整體，來看看它的獨立性，以觀察是否有主力資金積極運作，進而選出更好的個股。

對於那些走勢強於大盤的個股，如果能借助MACD指標把握進場時機，在個股本身強勢特徵的助力下，往往有更好的短期表現。本節採取疊加指數的方法，將MACD指標交易技術融入其中，來看看如何聯合大盤指數與MACD指標，把握強勢股的進場時機。

疊加大盤指數的原理

「對比中識強弱」，只有透過對比才能更好地辨識一支個股是否夠強勢。在進行對比時，疊加大盤指數即上證指數是一個非常好的方法。我們可以在日K線中疊加大盤指數來對比，辨識強勢股。

如果在局部走勢中，個股的表現明顯強於同期大盤指數（例如，大盤處於弱勢震盪下滑時，個股是橫向整理；或者大盤震盪整理時，個股則緩緩攀升），假設個股此時處於中長期低位，隨後出現大漲的機率非常高。

能夠明顯強於大盤的個股之所以更有潛力，是因為這類個股往往有

主力參與其中，主力可能是機構、基金，也可能是實力較強的市場游資等。這類個股不同於以個人投資者為主體的大多數個股，在籌碼大量被少數的主力吸納後，更容易形成向上運行，上漲過程中的獲利賣壓也將大大減輕，是中短線操作的理想個股。

此外，也要關注那些走勢弱於大盤的個股。在大盤走勢尚穩健，沒有出現快速下跌時，有一些個股可能因為主力出貨，或是利空消息，或是估值狀態較高而持續下跌甚至是快速下跌。對於這種逆市下跌的個股，它們可能是潛在的風險個股，特別是當其處於明顯高位區時，後期的下跌空間往往極大。

上漲並不意味著強勢，下跌也不代表弱勢，因為每一支個股都處於非漲即跌，或是今漲明跌波動之中。要如何更好地辨識個股的強弱情況？疊加大盤指數就是一種很好的方法。

👁️ 強勢整理後的 0 軸黃金交叉起漲型態

強勢整理是指，個股與同期大盤指數都處於橫向震盪狀態，但個股的震盪方式強於大盤指數。例如，同期的大盤指數在震盪中出現重心下移，而個股則橫向整理、重心不下移；或者同期的大盤指數處於橫向整理狀態，而個股則在震盪過程中出現重心上移。

在強勢整理背景下，如果個股一波短線回檔，使得指標線向下接近0軸或跌破0軸，此時若能出現MACD指標線的黃金交叉型態，則是較為可靠的起漲訊號。

首先個股的強勢特徵存在，這是有資金積極介入的標誌，代表著個股的上漲潛力較大。其次，黃金交叉型態是典型的上漲訊號；而且，當黃金交叉在0軸附近出現時，表明個股短線回檔較為充分、中短期內的上漲空間充足。

下頁圖5-1是中信證券2018年8月至2019年3月走勢圖。在圖中標注的整理階段，可以發現該股的形勢強於同期上證指數，同期的上證指數重心呈水平運行狀，而該股在短線突破後能夠強勢整理不回檔。

隨著強勢整理走勢的持續，該股與上證指數都出現回檔。此時的

> **圖5-1** 　　　中信證券 2018 年 8 月至 2019 年 3 月走勢圖

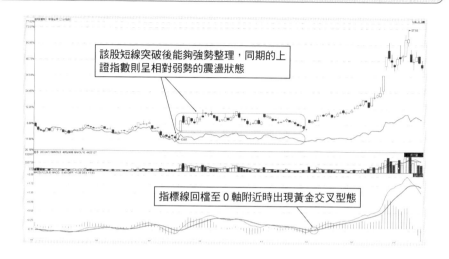

MACD指標線在向下靠攏0軸時出現黃金交叉型態，這就是整理結束的訊號，預示一波上漲行情或將出現，是中短線進場訊號。

弱勢整理後的 0 軸死亡交叉跌破型態

弱勢整理是指，個股與同期大盤指數都處於橫向震盪狀態，但個股的震盪方式弱於指數。例如，同期的大盤指數在震盪中出現重心上移，而個股則橫向整理甚至重心下移；或者同期的大盤指數處於橫向整理狀態，而個股則在震盪過程中出現重心下移。

在弱勢整理背景下，如果個股一波短線反彈，使得指標線向上接近0軸或穿越0軸，此時若出現MACD指標線的死亡交叉型態，預示著反彈結束，新一波下跌走勢將展開。

如果當前處於相對高位區的整理區域，在這樣弱勢運行格局下的MACD指標死亡交叉型態，往往是一輪跌破走勢出現的訊號，應注意規避風險。

圖5-2是彩訊股份2020年7月至2021年2月走勢圖。在圖中標注的整

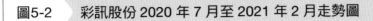

圖5-2　彩訊股份 2020 年 7 月至 2021 年 2 月走勢圖

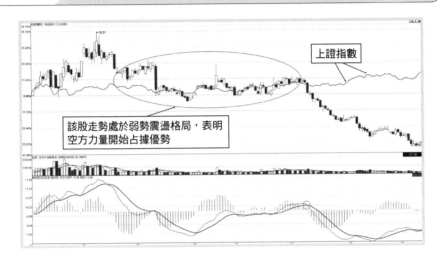

理階段，可見該股的形勢弱於同期上證指數，同期的上證指數重心呈水平運行狀，而該股在短線下跌後弱勢整理，無明顯回升跡象。

　　隨著弱勢整理走勢的持續，該股受大盤帶動出現小幅度的反彈，此時MACD指標線在向上穿越0軸後，出現死亡交叉型態。這是反彈結束的訊號，也預示隨後的跌破下行走勢。

逆市寬幅震盪的綠柱峰型態

　　在個股走勢較強、具有一定獨立性的背景下，大盤指數卻在短期內出現深幅下跌，帶動個股大幅回檔。

　　由於這種下跌打破個股原有的強勢特徵，且完全由大盤帶動所致，而大盤在短期深幅下跌後，多會出現回穩反彈，所以個股出現強勢回升的機率極大，從而形成逆市寬幅震盪格局。操作上，可以結合綠柱峰及大盤波動把握進場時機。

　　綠柱線在短期快速下跌中達到峰值狀態，預示空方力量將由強轉弱，此時大盤指數跌幅也比較大，有回穩回升的空間，是較好的短線進

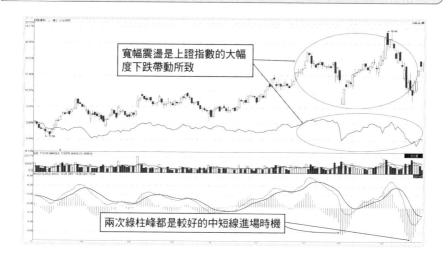

| 圖5-3 | 三一重工 2019 年 7 月至 2020 年 3 月走勢圖 |

場時機。

　　圖5-3是三一重工2019年7月至2020年3月走勢圖。從2019年7月之後的長期走勢來看，該股一直強於同期上證指數，這是典型的強勢類個股特徵。

　　隨後，該股在一波強勢上漲後，突然遇到上證指數快速回檔，受此帶動而出現深幅下跌。但是，上證指數本身就處於低位，市場快速下跌與同期的消息面有關，不具有持續性，因此短線的深幅下跌為投資者創造此類強勢股的低買時機。

　　當MACD綠柱線達到峰值，且同期上證指數也有回穩跡象時，就是進場的好時機。圖5-3中標注兩個進場點，都是由上證指數深幅回檔創造，而MACD綠柱線峰值狀態就是提示短線進場的訊號。

弱市助推下的紅柱峰型態

　　走勢弱於同期的整體市場，是弱勢股的典型特徵之一。如果大盤指數表現較好，能夠強勢上漲，個股也會受到推動，出現一波上漲。但

圖5-4　福建高速 2020 年 1 月至 7 月走勢圖

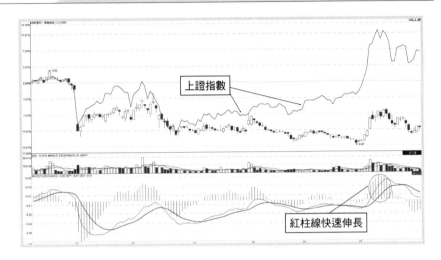

是，弱勢股的上漲很難持續，一旦大盤回穩或走弱，容易出現深幅回檔。操作上，可以結合MACD紅柱峰把握賣出時機。

在大盤助推下，個股短期上漲使得MACD紅柱線達到峰值狀態，表明短期內多方力量釋放過度。紅柱線達到峰值，預示多方力量或將由強轉弱，此時如果大盤也處於短期高點，在雙重影響下，個股容易出現深幅回檔。

圖5-4是福建高速2020年1月至7月走勢圖。對比同期的上證指數走勢，可以看到該股走勢明顯比較弱，上證指數震盪上漲時，該股震盪下跌。但是，隨著上證指數的一波強勢、大幅上漲，該股受到帶動也出現一波上漲，此時的紅柱線快速伸長並達到峰值狀態，這是中短線賣出訊號。

逆市盤升中的 0 柱線共振點

逆市盤升是指，在同期大盤指數震盪回檔或橫向整理時，個股能夠強勢整理或緩緩攀升。逆市盤升使得個股的MACD紅柱線處於伸長狀

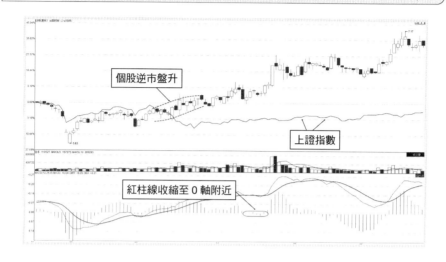

圖5-5　　　雲圖控股 2020 年 1 月至 6 月走勢圖

個股逆市盤升

上證指數

紅柱線收縮至 0 軸附近

態，如果隨著個股走勢，出現橫向整理或回檔，紅柱線收縮至0軸附近，預示整理或回檔的結束，新一波上漲行情將會展開，這是中短線進場訊號。

圖5-5是雲圖控股2020年1月至6月走勢圖。該股在逆市盤升後的橫向整理走勢，使MACD紅柱線接近於0軸，這是0柱線。0柱線的出現可視作整理結束的訊號，特別是在中短期漲幅較小的情況下。此時，可以在盤中震盪時逢低進場，積極布局。

逆市下滑中的 0 柱線共振點

逆市下滑是指，在同期大盤指數震盪上漲或橫向整理時，個股出現弱勢整理或緩緩下跌。逆市下滑使得個股的MACD綠柱線處於伸長狀態，隨著個股走勢的回穩或反彈，綠柱線收縮至0軸附近，預示整理或反彈的結束，新一輪下跌走勢將展開，應注意規避風險。

圖5-6是海泰發展2020年6月至12月走勢圖。該股在相對高位區出現震盪整理，其走勢弱於同期大盤。隨後，因價格反彈，MACD綠柱線接

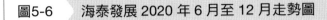

圖5-6　海泰發展 2020 年 6 月至 12 月走勢圖

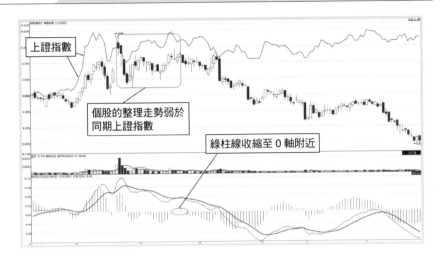

近於0軸，0柱線的出現可視作短期反彈結束的訊號，宜賣出持股。

強市背景下的低位二次黃金交叉

強市是指市場整體運行較強，走勢呈穩健攀升狀。在這種背景下，若個股處於相對低位區，且MACD指標出現二次黃金交叉型態，受強市格局助推，個股的上升空間往往較大，是進場訊號。

下頁圖5-7是四川路橋2020年8月至2021年3月走勢圖。不難發現，在強市格局中，該股的MACD指標出現二次黃金交叉型態，此時價格處於低位，且該股之前出現過強勁的獨立上漲走勢，這是資金曾大力介入的訊號。這時候，二次黃金交叉出現，預示新一輪上漲行情將展開，是進場訊號。

弱市背景下的高位二次死亡交叉

弱市是指市場整體運行較弱，走勢呈震盪下跌狀。在這種背景下，

圖5-7　四川路橋 2020 年 8 月至 2021 年 3 月走勢圖

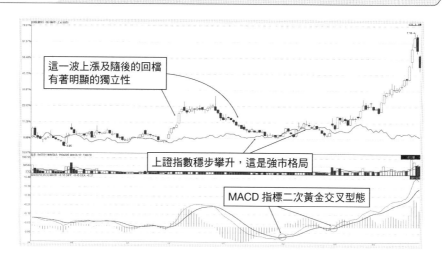

圖5-8　黃山旅遊 2020 年 12 月至 2021 年 5 月走勢圖

個股處於相對高位區，且MACD指標出現二次死亡交叉型態。受弱市格局影響，個股易出現深幅回檔，是離場訊號。

圖5-8是黃山旅遊2020年12月至2021年5月走勢圖。在市場處於弱市下跌格局時，該股逆市上漲幅度極大，但強勢狀態若沒有市場配合，往往也會由強轉弱。一旦轉弱，可能有較大的補跌空間。

當該股處於高位區，且同期的市場仍處於弱市狀態時，MACD指標二次死亡交叉型態出現，就是一個較為可靠的下跌訊號，預示該股走勢或將由強轉弱。在操作上，應賣出以規避補跌風險。

5-2 聯合 MACD 與 K 線，在第一時間預測股價高低點

　　K線是短線交易中最基礎、最重要的技術分析指標之一，多空力量的快速轉變往往能透過典型的K線型態來呈現。MACD指標的型態轉變、柱線的變化方式，通常需要多個交易日才能準確識別，因此投資者可能會錯失最佳的買賣時機。

　　因此，K線可以彌補MACD靈敏度不佳的缺點，幫助投資者第一時間預測買點和賣點的出現。本節將結合K線型態，講解如何更有效地利用MACD指標，以及時把握買賣時機。

DEA 線支撐下的下影 K 線

　　MACD指標視窗中有兩條指標線：DIFF線與DEA線。在趨勢運行相對明朗的狀態下，慢速的DEA線對快速的DIFF線往往具有支撐（回檔波段）作用，或壓力（反彈波段）作用。但在很多時候，DIFF線也會交叉穿越DEA線。

　　如何提前判斷DIFF線將穿越DEA線，還是在DEA線附近遇到支撐或壓力？結合典型的多空K線型態，是一個很好的方法。

　　在上漲行情的回檔波段，或是震盪行情的回檔波段中，當DIFF線向下回檔至DEA線附近時，若出現下影線較長的日K線型態，表明這個位置點有強力支撐。DEA線將對DIFF線發揮較強的支撐作用，價格走勢也有望迎來一波中短期上漲，是買進訊號。

　　圖5-9是雲天化2021年3月至6月走勢圖。可以看到，在該股上升型態較好的情況下，該股出現橫向整理走勢，使得DIFF線向下回檔至DEA線附近。此時出現一根長下影K線，表明短線整理結束，預示新一

圖5-9　雲天化 2021 年 3 月至 6 月走勢圖

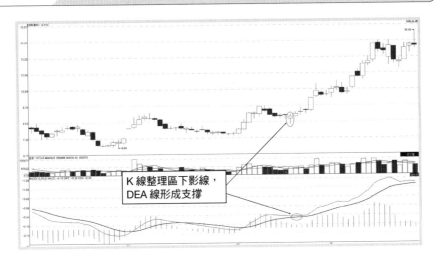

K線整理區下影線，
DEA線形成支撐

輪上漲走勢將展開。

DEA 線壓力下的上影 K 線

　　下跌行情的反彈波段或是震盪行情的回升波段中，當DIFF線向上回升至DEA線附近時，若出現上影線較長的日K線型態，表明此位置點有強大壓力。DEA線將對DIFF線發揮較強壓力作用，價格走勢再度回檔的機率較大，是賣出訊號。

　　下頁圖5-10是同仁堂2020年6月至9月走勢圖。可以看到，該股在相對高位區出現深幅回檔，之後是強勢反彈的寬幅震盪型態，DIFF線向上回升並接近DEA線時，出現一根長上影K線，表明DEA線將發揮較強的壓力作用，DIFF線很難向上穿越DEA線。這是反彈結束的訊號，應果斷賣出。

圖5-10　　同仁堂 2020 年 6 月至 9 月走勢圖

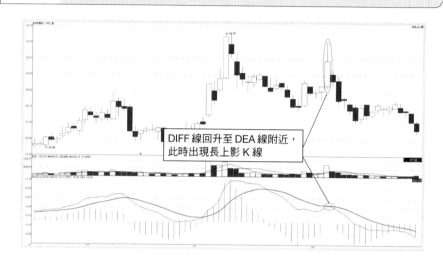

DIFF 線回升至 DEA 線附近，
此時出現長上影 K 線

預示紅柱峰的螺旋槳型態

螺旋槳型態是一種十分經典的單日K線型態，主要特點是上、下影線較長、實體短小，代表多空力量的明顯分歧，常見於短線走勢的轉捩點。在使用柱峰型態判斷短期高低點時，對於漲跌較為急速的情況，往往很難在第一時間預測柱線的變化，因為柱線可以再創新高，也可以開始收縮。

這種情況下，對於柱線是否達到峰值狀態，需要提前判斷。利用靈敏性最強的日K線型態，就是一個很好的方法。

柱峰與日K線的聯合用法，更常用於短期高點的研判，因為急漲後的快速反轉更常見，這也符合大多數投資者在獲利後，有較強賣出意願的心理傾向。

急跌後的快速反轉則相對少見，因為若沒有利多消息突然出現，抄底盤總是陸續進場，在綠柱峰的收縮過程中，股價往往還會有慣性下跌的情形。

圖5-11是開創國際2020年1月至5月走勢圖。在一波突破上漲走勢

圖5-11　開創國際 2020 年 1 月至 5 月走勢圖

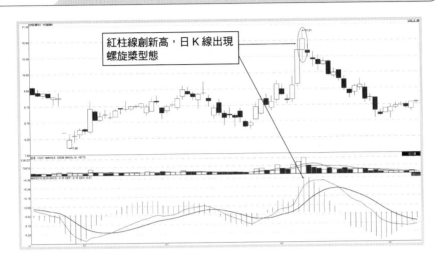

紅柱線創新高，日 K 線出現
螺旋槳型態

中，紅柱線不斷伸長並達到近年的峰值狀態，仍有望進一步伸長。但
是，此時出現上下影線較長的螺旋槳K線型態，表明當前位置的多空分
歧劇烈，預示著紅柱線難以再度伸長，已達到這一波上漲的峰值狀態。
操作上，宜短線賣出。

紅柱線收縮中的反轉 K 線

　　一波上漲後，紅柱線開始收縮，但這不代表漲勢的結束，也可能表
示處於漲勢中的整理階段。不過，有一些紅柱線的收縮，預示短期的深
幅整理或價格轉向，是風險的訊號。

　　對此該如何辨識？一般來說，在一波大漲之後，若在紅柱線收縮過
程中，日K線出現典型的走跌型態組合，例如：長上影線、螺旋槳、看
跌抱線、陰孕線、黃昏之星等，預示當前位置區多空分歧明顯，且空方
力量逐漸轉強。紅柱線將進一步收縮甚至轉成綠柱線，價格走勢出現深
幅下跌機率大，宜賣出以規避風險。

　　下頁圖5-12是新華傳媒2021年3月至7月走勢圖。可以看到，在紅柱

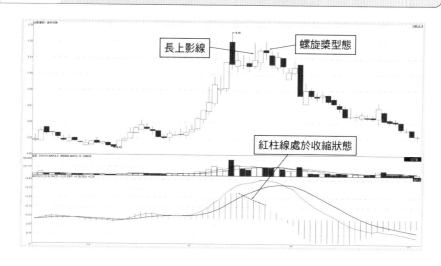

圖5-12　新華傳媒 2021 年 3 月至 7 月走勢圖

線收縮過程中，出現兩個鮮明的反轉K線型態：長上影線型態、螺旋槳型態。紅柱線收縮代表多方力量正在減弱，結合反轉K線的出現，表明多方力量減弱的趨勢將持續下去。此時的價格正處於高點，應賣出離場。

綠柱線收縮中的反轉 K 線

　　一波下跌後，綠柱線開始收縮，但這不代表跌勢的結束，也可能表示處於跌勢中的整理階段。不過，有一些綠柱線的收縮，預示反彈行情或趨勢轉向，是機會的訊號。

　　一般來說，在一波大跌之後，特別是中長期低位區的一波下跌之後，若在綠柱線收縮過程中，日K線出現典型的看漲型態組合，例如：長下影線、錘子線、看漲抱線、陽孕線、希望之星等，預示著當前位置區多方力量逐漸轉強。綠柱線將進一步收縮甚至轉成紅柱線，價格走勢出現回升機率大，可以適當抄底參與。

　　圖5-13是廣州發展2020年12月至2021年3月走勢圖。在持續下跌後

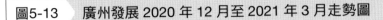

圖5-13　廣州發展 2020 年 12 月至 2021 年 3 月走勢圖

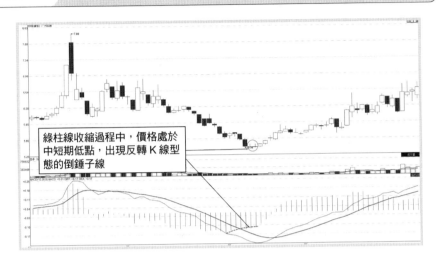

綠柱線收縮過程中，價格處於中短期低點，出現反轉 K 線型態的倒錘子線

的低點，綠柱線開始收縮，期間出現兩個倒錘子線。倒錘子線常出現在短期下跌後的低點，它的實體很短，沒有下影線或是下影線極短。

倒錘子線的出現表明買盤進場力道轉強，但是盤中仍有一定壓力。由於當前處於階段低點，因此可視為多空力量開始轉變的訊號，也是短線反轉型態之一。

對於此股來說，中短期跌幅較大，並且倒錘子線的反轉K線型態出現在綠柱線收縮過程中，而綠柱線的收縮代表空方力量的減弱。綜合來看，中短期上漲行情可望展開。

用 MACD 搭配成交量變化，掌握價格走勢的轉向

5-3

「量在價先」是股市中的經典說法，量能型態的變化往往先於價格而動。因此，在聯合MACD指標型態與成交量時，常會發現這樣的情況：量能已經出現明顯的變化，而指標型態仍在按原有的特徵變化，這就是成交量領先於指標的表現。

運用MACD指標型態進行交易時，如果能很好地搭配成交量的變化，就可以預判指標型態的變化趨向，進而及時把握價格走勢的轉向。本節將講解如何使用結合成交量型態與MACD指標型態，以達到更好的交易成功率。

遞增放大的量能與紅柱線

成交量逐級放大被稱為遞增式放量。在遞增式放量上漲過程中，紅柱線也會快速伸長，如果短期漲幅已經較大，且成交量不再進一步放大，預示紅柱線的長度已達到或接近峰值狀態。這是中短期內價格走勢轉向的訊號，應注意規避高點風險。

圖5-14是海通證券2020年5月至7月走勢圖。在一波快速上漲中，成交量與紅柱線同步快速放大，量能呈現遞增式放大，紅柱線也達到近年來的高點。隨後，成交量開始縮減，此時紅柱線雖然仍在伸長，但接近頂峰，價格走勢很難再度向上。操作上，此時宜擇機賣出。

凸量與紅柱線極值狀態

凸量是量能的偶然性、突兀式的放大型態，不具有持續性，也常對

圖5-14　海通證券 2020 年 5 月至 7 月走勢圖

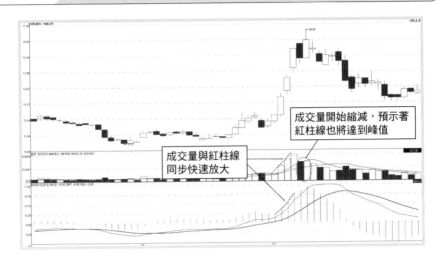

應著價格上漲的曇花一現。當凸量出現時，如果紅柱線也創下近期新高，往往是紅柱線的一個極值狀態。隨後，基於紅柱線的收縮趨向和量能的突然縮減，價格走勢或將急轉直下，應及時把握短線離場時機。

　　下頁圖5-15是上工申貝2019年11月至2020年3月走勢圖。可以看到，在一波快速上漲後的高點，出現凸量伴隨紅柱線創新高的組合，預示價格或將急速轉向。操作上，第一時間賣股離場是較好的策略。

高位震盪中的放量與綠柱線

　　在持續上漲後的高位區，若橫向震盪過程中，出現量能放大且伴隨綠柱線的組合，表明此區域的市場賣壓較重、空方力量占據優勢。雖然價格走勢仍舊維持橫向震盪，但隨後向下跌破的機率更大。這是中期走勢見頂的訊號之一，應注意規避風險。

　　下頁圖5-16是寶信軟件2019年12月至2020年4月走勢圖。一波強勢、大幅上漲後，該股在高位區開始橫向震盪，震盪格局穩健，股價重心不下移，僅從日K線型態來看，更像是漲勢中的一個中繼平台。但

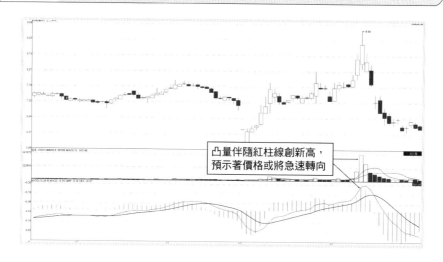

圖5-15　上工申貝 2019 年 11 月至 2020 年 3 月走勢圖

凸量伴隨紅柱線創新高，
預示著價格或將急速轉向

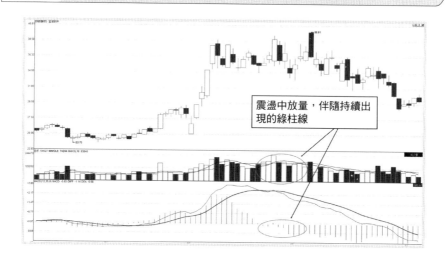

圖5-16　寶信軟件 2019 年 12 月至 2020 年 4 月走勢圖

震盪中放量，伴隨持續出
現的綠柱線

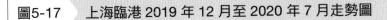

圖5-17　上海臨港 2019 年 12 月至 2020 年 7 月走勢圖

縮量，伴隨同期持續出現的紅柱線

是，同期的量能放大伴隨持續的綠柱線組合，表明此區域賣壓較重，空方力量開始占據優勢，是中期走勢轉向的訊號。實盤操作上，應逢震盪反彈賣出離場。

低點縮量的紅柱線反轉區域

縮量是多空分歧減弱的標誌，也是價格走勢將再度選擇的訊號。如果在中長期的低位區出現回穩整理走勢，期間量能明顯縮小，還不能判斷此為底部區。但是，如果有持續的紅柱線輔助驗證，則表明多方力量正在轉強，此區域成為底部反轉區的機率將大大增加。

圖5-17是上海臨港2019年12月至2020年7月走勢圖。在低位的回穩走勢中，出現縮量伴隨持續紅柱線的組合，結合該股當前處於中長期低位的情況來看，這個區域可能會成為底部反轉區。操作上，可以適當買進布局，耐心持有。

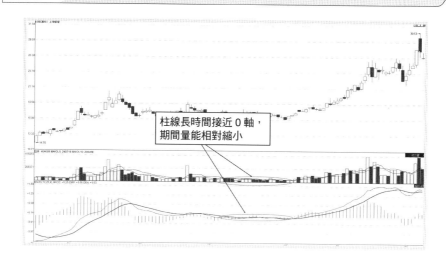

圖5-18　　上海臨港 2018 年 10 月至 2019 年 4 月走勢圖

柱線長時間接近 0 軸，
期間量能相對縮小

縮量下的 0 柱線整理區域

0柱線是多空雙方力量相對平衡的標誌，縮量則表明多空分歧不明顯。如果柱線長時間處於接近0軸的狀態（即0柱線狀態），且同期量能相對縮小，則價格走勢多會沿原有的趨勢繼續運行。操作上，應好好判斷原有趨勢運行軌跡，順勢交易。

圖5-18是上海臨港2018年10月至2019年4月走勢圖。可以看到，該股處於明顯的上升趨勢中，長時間的整理雖然打破趨勢運行節奏，但漲勢型態並沒有被破壞。隨著整理的持續，出現柱線長時間位於0軸附近，且同期縮量的組合方式，是多空力量對比格局未發生轉變的標誌，中短期內可以適當做多。

低位區放量黃金交叉回升

當價格處於低位區時，MACD指標的黃金交叉型態代表著一波回升走勢，這可能是築底震盪的開始，也可能僅僅是下跌途中偶然的一次反

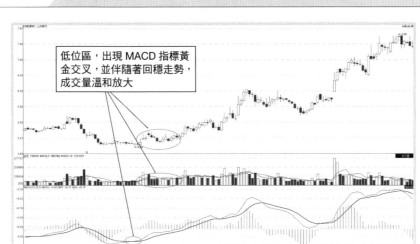

圖5-19	江蘇銀行 2020 年 11 月至 2021 年 6 月走勢圖

低位區，出現 MACD 指標黃金交叉，並伴隨著回穩走勢，成交量溫和放大

彈。此時，借助黃金交叉前後的量能型態可以更好分辨。

如果在MACD指標黃金交叉出現之後，成交量溫和放大，且伴隨著價格的回升回穩，則黃金交叉就是一個相對可靠的反轉訊號。操作上，應逢回檔時買進布局。

圖5-19是江蘇銀行2020年11月至2021年6月走勢圖。在中長期的低位區，MACD指標出現黃金交叉，隨後伴隨著價格走勢回穩，成交量溫和放大，是買盤資金積極介入的標誌，表明此黃金交叉是一個可靠的上漲訊號。結合價格所處位置，預示後期上漲空間較為充足。操作上，可以擇機進場。

創新高縮量整理中的死亡交叉

在中長期的高位區，個股在震盪中創新高，如果在高點的整理回檔中出現死亡交叉型態，是短線回檔訊號。同期的量能縮小，表明潛在的獲利盤仍未賣出，

如果隨後不能強勢突破，這些獲利盤將有較強的拋售意願，短期內

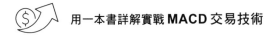

圖5-20　北京城鄉 2020 年 4 月至 12 月走勢圖

將出現深幅回檔。操作上，應注意短期波動風險。

　　圖5-20是北京城鄉2020年4月至12月走勢圖。可以看到，該股兩次在創新高後的整理走勢中，出現死亡交叉並伴隨量能縮小的組合，這是短期風險釋放的訊號。操作上，宜賣出以規避短期回檔風險。

5-4　MACD 與均線形成共振，兼顧短線和中線投資判斷

　　均線的主要作用是呈現趨向性，但它不夠靈敏，透過均線分析趨勢時，往往已被趨勢甩在身後。MACD指標中的交叉、柱線等技術常用於短線行情分析，靈敏度較好，但對於價格中期走向的判斷略顯不足。

　　將MACD指標的短線技術與均線的趨勢技術聯合起來，就會形成短期與中期的共振，既方便投資者及時把握買賣時機，也利於看清大方向、增強策略性。本節將透過使用短期均線MA5與中期均線MA20這個組合，講解均線訊號與MACD訊號聯合運用的交易技術。

紅柱線與 MA20 支撐的築底區

　　在相對低位區的震盪整理中，隨著走勢的持續，如果出現MA20穩穩支撐MA5，且MACD指標以紅柱線為主的組合方式，表明這是多方蓄勢的一個平台區，當前多方力量已開始占據優勢，突破上漲行情可望展開。操作上，可以逢MA5回檔至MA20附近時，買進布局。

　　下頁圖5-21是九鼎新材2021年1月至7月走勢圖。低位區出現長久的橫向整理過程，起初的整理走勢是MA5纏繞MA20、紅綠柱線交替出現，此時還難以判斷這個區域是否是築底區。

　　隨著震盪整理的持續，出現MA20強力支撐MA5、持續紅柱線的組合方式，這預示上漲行情有望展開。操作上，應買進布局。

綠柱線與 MA20 壓力的築頂區

　　在相對高位區的震盪整理中，如果出現MA20阻擋MA5回升，而且

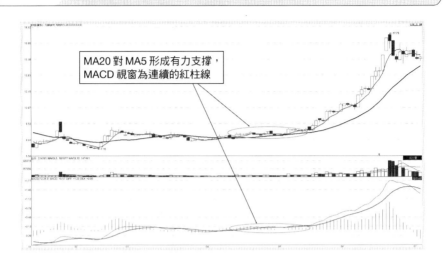

圖5-21　　九鼎新材 2021 年 1 月至 7 月走勢圖

MA20 對 MA5 形成有力支撐，
MACD 視窗為連續的紅柱線

MACD指標以綠柱線為主的組合方式，表明是空方蓄勢的一個震盪平台區，當前空方力量已開始占據優勢，應注意中期下跌行情的出現。

圖5-22是東軟載波2020年6月至2021年1月走勢圖。高位區出現長時間的橫向震盪過程，隨著震盪的持續，MA5向下跌破MA20，並在隨後的回升過程中遇到MA20的強大壓力。同期的MACD柱線也轉變為持續的綠柱線，說明空方力量已顯著增強。操作上，應及時在反彈時機賣出離場。

低位反轉中的三黃金交叉組合

MACD指標的黃金交叉多屬於短線上漲訊號，而MA20的黃金交叉型態（即MA5向上交叉MA20）多屬於中期趨勢訊號。一般來說，築底反轉過程中會存在一定的多空分歧，因此震盪中出現MA20的二次黃金交叉才是更可靠的反轉訊號。

這樣會出現三個黃金交叉，也就是MACD指標黃金交叉、MA20的兩次黃金交叉。三黃金交叉型態的出現，是短期上漲與中期上漲形成共

圖5-22　　東軟載波 2020 年 6 月至 2021 年 1 月走勢圖

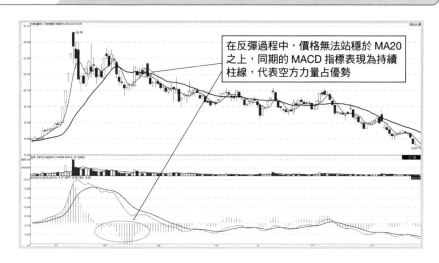

> 在反彈過程中，價格無法站穩於 MA20 之上，同期的 MACD 指標表現為持續柱線，代表空方力量占優勢

振的標誌，也預示趨勢轉向上漲機率大。在實盤操作上，可以適當買進，參與行情。

　　下頁圖5-23是奧士康2020年10月至2021年6月走勢圖。在持續下跌之後，低位震盪出現三黃金交叉的組合型態，短期上漲與中期轉向形成共振。預示隨後或有較大上漲空間，可以積極買進布局。

高位反轉中的雙死亡交叉組合

　　相對於築底過程來說，頂部的停留時間往往更短。因為一旦漲勢遇阻，特別是在中短期漲幅較大的情況下，往往會引發大量的拋盤離場，而高位的追漲盤稀少，與築底過程不同。

　　在築底時，由於長期下跌導致大多數投資者的風險意識較強，以及反彈中引發的停損盤離場，常常可見價格的反覆震盪。

　　在高位區，若出現MACD指標與MA20的雙死亡交叉型態，是短期下跌與中期轉向形成共振的標誌，容易引發趨勢的快速下行。操作上，在價格反彈至MA20附近時，由於壓力作用較強，應賣出以規避風險。

圖5-23   奧士康 2020 年 10 月至 2021 年 6 月走勢圖

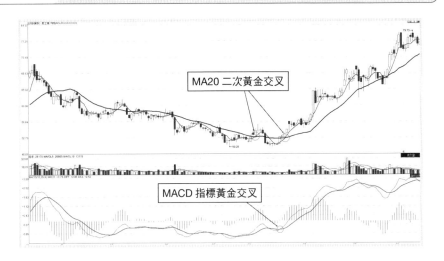

圖5-24   日月股份 2020 年 10 月至 2021 年 3 月走勢圖

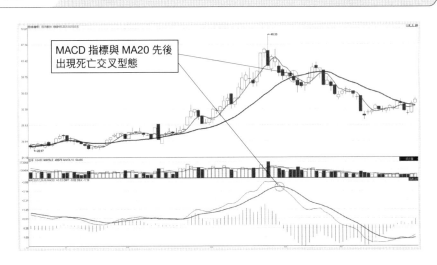

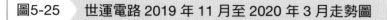

圖5-25　世運電路 2019 年 11 月至 2020 年 3 月走勢圖

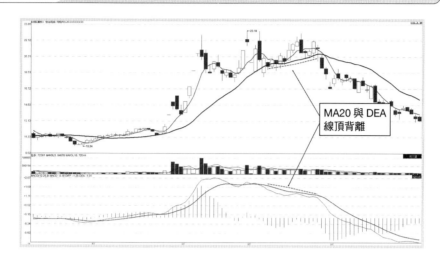

圖5-24是日月股份2020年10月至2021年3月走勢圖。在持續上漲後的高位區，出現MACD指標與MA20的雙死亡交叉型態，預示中期價格走勢將反轉，應逢反彈時賣股離場。

高位震盪中的 DEA 線與 MA20 背離

在中長期的高位區，如果隨著價格的震盪（震盪上漲），MA20仍在緩緩上漲並創新高，但同期的MACD指標線（以DEA線表示）由高點位持續下行，這種頂背離型態的出現，表明個股的上升動力在逐步減弱，趨勢將在震盪之後轉向下行。操作上，應注意高位風險，逢高賣出。

圖5-25是世運電路2019年11月至2020年3月走勢圖。該股在高位震盪中，出現DEA線運行方向與MA20運行方向相反的頂背離型態，預示漲勢將見頂。

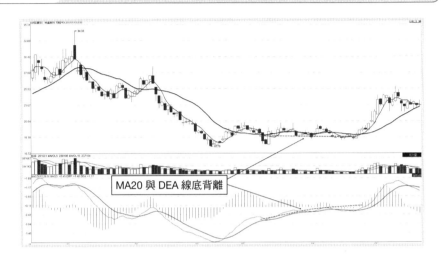

圖5-26	台基股份2020年11月至2021年5月走勢圖

低位震盪中的 DEA 線與 MA20 背離

在中長期的低位區，如果隨著價格的震盪（震盪下跌），MA20仍在緩緩下移並創新低，但同期的DEA線由低點位持續上行，這種底背離型態的出現，表明個股的下跌動力在逐步減弱，趨勢將在震盪之後轉向上行。操作上，應注意把握買進時機。

圖5-26是台基股份2020年11月至2021年5月走勢圖。該股在低位震盪中出現DEA線運行方向與MA20運行方向相反的底背離型態，預示跌勢將見底。

5-5　用 MACD 加上 KDJ，發現市場的短期超買超賣

　　MACD指標的設計原理是基於移動平均線（均線），而均線是一種趨勢類指標，它的中長線指向較好，但不夠靈敏，對於短期波動的判斷略顯無力。MACD指標雖然基於此有所改進，能夠指導短線交易，但在實盤操作中，買賣訊號也略顯單薄。

　　為了能夠更有效地驗證MACD指標短線買賣訊號，可以適當引入專門的短線類技術指標，其中最具代表性、最經典的一種指標，當屬隨機指標—— KDJ。本節在講解KDJ指標原理的基礎上，將說明如何將MACD與KDJ聯合起來使用。

⊚ KDJ 指標原理與市場含義

　　KDJ並不用於分析趨勢的運行狀態，主要用於分析市場短期內的超買超賣情況，從而指示投資者進行短線的低買高賣操作。

　　KDJ是一種擺動類指標，基本作用就是捕捉整理行情。擺動類指標以「平衡位置」為理論核心，主要透過參考當前價格脫離平衡位置的程度，發出買賣訊號。對於擺動類指標來說，一定幅度（強度）的上漲就是賣出的理由，一定幅度（強度）的下跌就是買進的理由。

　　擺動類指標多屬於超短線指標，適用於橫盤震盪市場，此時的訊號準確率相當高，能夠超前反映價格波動過程中的短期頂部及短期底部。但是在單邊漲跌行情中，擺動類指標往往會出現鈍化，指標的黃金交叉、死亡交叉等型態並不能簡單地做為買賣訊號。

　　在KDJ指標視窗中可以看到，無論價格是處於上升趨勢、下跌趨勢還是盤整趨勢，其三條指標線（K線、D線、J線）總是在一個相對平衡

的位置兩側來回波動。這種型態特徵反映KDJ的核心原理，即價格受到「平衡位置」的向心力作用。當價格快速脫離平衡位置時，短期內往往會處於超買或超賣狀態，進而有回歸平衡位置的傾向。

平衡位置代表的價格並非一成不變的，會隨著價格的運作方向不斷變換，展現在KDJ指標視窗，這個平衡位置就轉化為「不動」數值50的所在位置區。

KDJ指標在計算中主要用於研究最高價、最低價及收盤價之間的關係，透過一段時期內出現過的最高價、最低價及當日收盤價，來計算K值和D值。在分析中，透過將K值連成快速的K線，將D值連成慢速的D線，進行共同研判。另外，又引入參考兩者位置關係的J線。下面來看看KDJ指標的計算方法。

在KDJ指標的計算過程中，首先要計算週期內反映多空力量對比情況的未成熟隨機值RSV，然後計算K值、D值、J值等。關於KDJ的週期有兩個概念：一個是KDJ指標的週期，即選擇幾天做為樣本，一般行情軟體中的設置為9天；另一個是進行平滑計算時選用幾天做為週期，一般選擇3天為平滑移動平均線的週期。

下面的計算中以KDJ指標的週期為9天為例，計算過程如下：

1. RSV＝（今日收盤價－最近9天的最低價）÷（最近9天的最高價－最近9天的最低價）×100

2. 計算K值、D值與J值
   當日K值＝（2/3×前一日K值）＋（1/3×當日RSV值）
   當日D值＝（2/3×前一日D值）＋（1/3×當日K值）
   若無前一日K值與D值，則可分別用50來代替。

＊公式中的平滑因數1/3和2/3是可以人為選定的，但是目前已經約定為1/3和2/3。

> 3. 計算 J 指標
> J＝（3×當日K值）－（2×當日D值）。

最早的KDJ指標只有兩條線，即K線和D線，指標也被稱為KD指標。隨著分析技術的發展，引入輔助指標J值。J值的實質是反映K值和D值的疏離程度，從而領先KD值找出頭部或底部，提高KDJ指標分析行情的能力。

👁 短期超買與紅柱線收縮

根據KDJ指標的計算方法，可以得知K值與D值都在0～100的區間內波動，其中的數值50為平衡位置。一般來說，當K、D、J三值在50附近時，表示多空雙方力量處於均衡狀態。

在短期價格波動中，主要關注K線與D線遠離平衡點的情況。一般來說，若短期大幅上漲使得K值和D值都超過80，表明市場短期內的多方力量已釋放完畢，是市場短期內處於超買狀態的表現，應賣出持股。

當KDJ指標進入短期超買區，此時的紅柱線也開始收縮，則是價格回檔的雙重驗證訊號，宜短線賣出，規避價格回檔風險。

下頁圖5-27是三安光電2020年11月至2021年2月走勢圖。在一波大幅上漲後，價格走勢出現震盪，MACD紅柱線開始收縮，且同期的KDJ指標線也進入超買區間。表明短期下跌動力較強，應逢高賣出。

👁 短期超賣與綠柱線收縮

一般來說，若短期深幅下跌使得K值和D值都低於20，表明市場短期內的空方力量已釋放完畢，是市場短期內處於超賣狀態的表現，宜買股。當KDJ指標進入短期超賣區，此時的綠柱線也開始收縮，則是價格回升的雙重驗證訊號。應短線買進，把握反彈進場時機。

圖5-27　三安光電 2020 年 11 月至 2021 年 2 月走勢圖

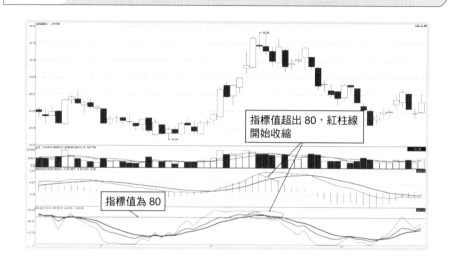

指標值超出 80，紅柱線開始收縮

指標值為 80

　　圖5-28是哈藥股份2020年12月至2021年3月走勢圖。在一波大幅下跌後，價格走勢出現回穩，MACD綠柱線開始收縮，且同期的KDJ指標線也進入超賣區間，表明短期反彈動力較強，可以適當抄底進場。

指標高位雙死亡交叉組合

　　KDJ指標有三條線，當J線由上向下交叉並穿越K線與D線時稱為KDJ指標死亡交叉，當死亡交叉出現於指標視窗中明顯高於平衡點的位置時，是價格回檔的訊號。

　　當MACD指標在上方遠離0軸的位置點，出現死亡交叉時，是價格中期轉向的訊號之一。若此時還有KDJ指標的高位死亡交叉出現，則是中期與短期訊號形成共振的標誌，預示將展開深幅回檔走勢，操作中應注意風險。

　　實盤操作中還應注意，由於KDJ指標更靈敏，且短期訊號會領先於中期訊號，因此KDJ指標的死亡交叉型態，常常先於MACD指標死亡交叉型態的出現。

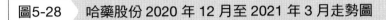

圖5-28　哈藥股份2020年12月至2021年3月走勢圖

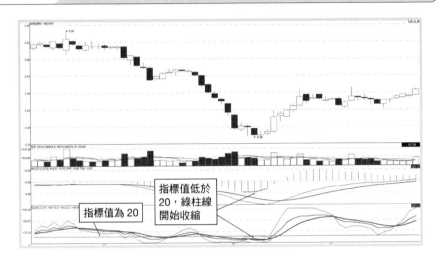

下頁圖5-29是尖峰集團2020年7月至10月走勢圖。在該股震盪上漲的高位區，MACD指標與KDJ指標均出現高位死亡交叉型態，在KDJ指標視窗中用虛線標示平衡點50所在的位置。

雙死亡交叉型態的出現，是價格走勢將深幅回檔的訊號，此時可以結合個股與市場波動，把握反彈賣出時機。

指標低位雙黃金交叉組合

當MACD指標在下方遠離0軸的位置點出現黃金交叉，是價格中期轉向的訊號之一。如果此時還有KDJ指標的低位黃金交叉出現，則是中期與短期訊號形成共振的標誌，預示將有強勢回升行情出現，應注意把握進場機會。

下頁圖5-30是陽煤化工2020年8月至12月走勢圖。在該股震盪下跌的低位區，MACD指標與KDJ指標都出現低位黃金交叉型態，其中KDJ指標先出現，這是價格走勢將回升的訊號，應注意把握買進時機。

圖5-29　　尖峰集團 2020 年 7 月至 10 月走勢圖

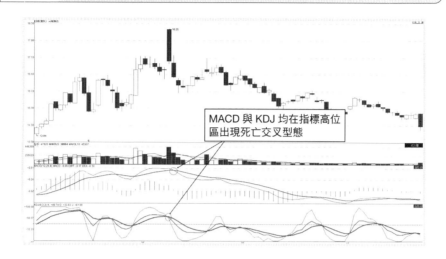

MACD 與 KDJ 均在指標高位區出現死亡交叉型態

圖5-30　　陽煤化工 2020 年 8 月至 12 月走勢圖

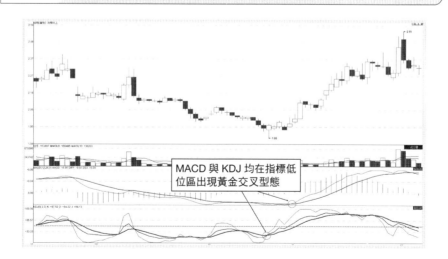

MACD 與 KDJ 均在指標低位區出現黃金交叉型態

包括 MACD 指標在內的眾多股票技術分析方法，都有各自獨特的功能與優勢，學習它們的目的是更準確地把握買賣時機，更有效地規避風險、實現獲利，特別是長期穩定的獲利。

　　股市充滿著太多的不確定，技術分析方法雖是一把利劍，但不是致勝法寶。很多投資者在入市多年後，帳戶資金也是起伏不定，主因往往不是不懂得技術分析方法，而是忽略了股市交易的策略。

　　技術與策略兩者缺一不可。缺少技術，就找不到買賣點，難以進場交易；缺少策略，就可能面臨較大風險，既有踏空的風險，也有被套牢的風險。

　　本章在重點講解交易策略的基礎上，結合 MACD 指標的運用方法，幫助投資者建構一個以 MACD 指標技術為核心的完善交易系統。

第 **6** 章

有技術又懂得策略，
你就能躍升股市常勝軍

6-1 從預測、選股擇時到停損停利，梳理你的交易策略

金融市場變幻莫測，它既有自身的運動規律，也受各種因素的影響，個股的走勢更是充滿了不確定性。如果沒有足夠的策略應對，獲利往往只能是偶然的，不具有持續性，這顯然不是投資股市的目標。

對於每一筆交易，都要有好的行動方案。買什麼股？何時買？獲利後如何處理？虧損又如何處理？要回答這些問題，都需要策略。

可以說，策略運用得好，可以靈活應對，股票交易就是一門藝術；盲目交易或策略運用得不好，將勞神費力、虧多賺少，股票交易將是一個負累，並嚴重浪費時間。

本節介紹常見的股市操作策略，以及如何運用這些策略。為了讓讀者更有系統地理解這些較抽象的內容，本節以分類的方式梳理了各種策略，關於每種策略較詳細的講解與實例對照，則在隨後的小節中介紹。

交易的策略：結合多種行動方案

當我們說「某某很有策略」時，是指這個人有很多可供執行的方案，當一個方案行不通時，能夠及時應變。如果我們說「某某沒有策略」時，意思是這個人缺乏變通，因為他只有一個方案，只能一條道走到黑。交易策略有三層含義：

1. 可以實現目標的方案匯集。
2. 根據形勢發展而制訂的行動方針和博鬥方法。
3. 有博鬥藝術，能注意方式方法。

交易的目標是實現獲利，買對方向十分重要，但越是簡單的選擇，越是充滿不確定性。單一的行動方案顯然不可能在博弈中占優勢，更別說取得勝利，這就需要有更多的行動方案。

針對不同的情況提供相應的行動方案，當方案遇阻或失效時，也能夠及時糾正、改進。這些行動方案構成交易策略集合，可以說策略是多種多樣的。

例如，常見的一組策略是結合市場環境制定。有的時候，市場整體較熱，這是牛市的標誌，採取的交易策略往往是追漲、持股待漲等相對激進的行動方案。有的時候，市場整體較冷，採取的交易策略往往是停損、離場觀望等相對保守的行動方案。

也有的時候，市場不冷不熱，處於平衡狀態，採取的策略則是將分析重點轉移到個股上。因為在這樣的市場狀態下，個股與個股之間在走勢上往往出現明顯分化。

從交易的不同角度出發，策略也可以分為多種。可以從分析預測、選股、選時、停利停損、倉位控制等幾個角度來學習梳理交易策略。例如，從「擇時」的角度，主要是選擇進場、出場的時機，而時機主要借助對市場環境的分析判斷得來。

在不同的市場環境下，要採取不同的操作策略，對於不同類型的個股，也要有相應的操作策略。牛市、震盪市中要緊跟強勢股、題材股，熊市中則更需要多看少動，不可盲目追漲。

預測的策略：基本分析法與技術分析法

每一筆交易都是建立在預測的基礎上。預測上漲，則買進；預測下跌，則賣出。對於絕大多數投資者來說，在股市的獲利方式比較單一，就是在價格上漲中獲利，即低買高賣的獲利模式。

只有預測準確，才能保障本金安全、實現獲利。但是，準確地預測並不簡單，從機率的角度來看，雖然可以達到50%的成功率，但同時意味著有50%的可能性出現虧損。

將自己的交易成功率提高到50%以上，才能從機率的角度實現獲

利，這就需要掌握更好的分析預測技術。股市是多空博弈的市場，意味著成功的交易只能屬於一部分人，而這部分的人必定是那些掌握更好的分析預測技術的投資者。

那麼，問題的關鍵就是，什麼是更好的分析預測技術？對於這個問題，不同的投資者有不同的見解。有一種觀點認為，價格只能圍繞著價值波動，因此應在股價被高估時賣出，被低估時買進。但是，這種觀點有一個缺點，就是對價值的評估帶有很強的主觀性，而且不能動態地看待企業發展。

此外，還有一種主流觀點是，透過市場多空力量變化來預測。以上兩個觀點基本能夠涵蓋所有的分析預測技術，一種可以稱為「基本分析法」，另一種可以稱為「技術分析法」。

1. 基本分析法

以經濟學的「價格圍繞價值波動」原理為依據，分析企業內在價值為目的的分析預測方法。利用基本分析法時，主要考慮企業的自身價值，包括當前的實際價值，以及企業的成長價值。

只有將兩者結合起來，才能更好判斷企業的核心價值，進而評估當前的股價是否被高估，價格走勢的大方向如何。

對於基本面來說，對於股市經驗不豐富的投資者，有一類個股應該規避，就是ST股，它是明確的風險股。雖然一些ST股可能因業績改善、重組等，出現轉變，但總體來說，其風險明顯高於機會。

大盤走勢較弱、市場人氣較為低迷的時候，市場的炒作氛圍全無，ST類個股由於沒有業績支撐，重組又遲遲得不到兌現，就會被市場遺棄。即使大盤並沒有出現快速下跌，但ST類個股出現連續跌停板走勢也十分常見。

它們將成為高風險的代名詞，在這樣的市場環境中，即使要博取短線反彈行情，它們也不是好的個股。

2 技術分析法

以股市的實際交易情況為分析依據，透過各種盤面資料（如K線型

態、成交量、技術指標、分時圖等）來分析多空雙方力量的轉變情況，進而預測價格走勢。

股市是一個資金驅動市場，價格走勢是多空雙方交鋒的結果。當多方力量更強的時候，股價會在多方力量的推動下而上漲；當空方力量更強的時候，股價則會因空方的打壓而下跌。

那麼，基本分析與技術分析孰優孰劣呢？其實，兩者並沒有絕對界限。忽略基本面分析，技術性交易就會成為純粹的「博傻」方法，高位「博」的是有接盤者，低位「博」的是有搶反彈的。如果一次出現錯誤，又不能及時停損，則可能出現大幅度的虧損。

同樣地，忽略技術分析，基本面交易則會常常偏離市場軌跡。常見的交易錯誤就是在下跌途中過早地抄底進場、在上漲途中過早地獲利離場，因此面臨中短期的深度套牢。

為了能夠更貼近市場、規避風險，只有將兩種分析預測方法結合起來，才能大幅提高成功率。技術分析從市場本身已發生的行為去分析，並預測價格的未來走勢，所以是一種即時性極強的預測價格走勢的方法，在預測個股或市場的短期、中期走勢時也會更加準確。

在實盤操作中，一般宜採取「以技術分析為主、基本分析為輔」的分析預測策略。金融市場的走向，往往因投資者過冷或過熱的情緒推動，達到理性投資者難以預計的程度，因此主觀地以實際價值來評估價格走向，將會頻繁出現錯誤。

選股的策略：瞭解個股的分類

不同類型的股票在走勢上往往有著迥然不同的風格。查看每日漲停個股就會發現，絕大多數都屬於中小盤股，而且往往與當前的市場熱點吻合。當然，大漲之後往往面臨著快速回檔。

同樣的市場環境，不同類型的個股在漲跌、漲速、K線走勢上，可能完全不同。因此，如果不懂得個股與個股之間的差別，沒有很好的擇股策略，即使投資者對股市整體運行判斷準確，也難以從中獲利。

想更好地掌握擇股的策略與技巧，除了瞭解自身的交易風格之外，

還要對個股的分類有大致認識。一般來說，可以從企業的成長性、所處的行業、所處地域、業績狀況、股本大小，以及是否與市場熱點吻合等幾個方面對個股進行分類。由於涉及較多案例的講解，具體內容將在隨後的專題小節介紹。

擇時的策略：選擇交易時機

擇時即選擇交易的時機。相對來說，擇股具有一定的客觀標準，因為對所有投資者來說，一檔股票的走勢都是相同的，在選擇某檔股票時，應盡可能客觀地評價一檔股票，這樣才能提高交易勝算。

但擇時有一定的主觀性，除了極少見且較為極端的暴跌行情外，無論股市是震盪中偏強，還是震盪中偏弱，都存在不少交易機會。能否把握其中的機會，主要取決於投資者自身的知識、經驗與交易風格。

時機主要是指個股出現的買進時機。對於不同類型的個股，買進時機也不相同。例如，對於業績較差的個股，買進時機多出現在有利多消息出現或是有熱門題材支撐時。又如，對於一些流通盤較大、業績較好的藍籌股來說，買進時機主要出現在股市低迷，導致個股的價值被低估的時候。

擇時是一項綜合性較高的策略，正確選擇時機並不容易，因為既要關注市場整體運行情況，也要結合消息面、題材面瞭解市場熱點方向，還要結合個股的自身特點。由於擇時的綜合性與重要性，本章將在第3節單獨講解如何把握時機。

停利停損的策略：嚴格執行確保本金安全

停利可以鎖定利潤，避免因股價波動而造成資金大起大落。停損，可以保護本金安全，避免因一次錯誤決策而陷入嚴重虧損境地。相較而言，停損的重要性更為突出。因為停利建立在已獲利的基礎上，此時的賣出多基於相對理性的決策，即使出現錯誤，也還有其他的交易機會可以把握。

停損則不然，停損之所以不能嚴格執行，往往是因為投資者抱有僥倖心理，這種決策是建立在運氣成分上。停損不及時所造成的本金嚴重虧損，將使投資者失去以後交易的機會，很難再回本。

「鱷魚法則」可以清楚說明停損的重要性。如果一隻鱷魚咬住你的腳，此時你若用手去幫助你的腳掙脫，鱷魚便會同時咬住你的腳與手。你越掙扎，被咬住的地方就越多，直到無法掙扎，最終喪命。所以，萬一鱷魚咬住你的腳，你唯一的機會就是犧牲一隻腳。

在股市裡，鱷魚法則就是：當你發現自己的交易方向背離市場的方向，必須立即停損，不得有任何延誤，不得存有任何僥倖心理。

即使是投資專家，也不是每筆交易都正確，他們的帳戶收益主要來自少數幾次非常成功的操作，而大多數不成功的操作，都在虧損進一步擴大之前就果斷處理掉。他們能冷靜客觀地對待手裡的股票，勇於承認和糾正自己的失誤操作。

但是大多數投資者的做法恰恰相反，手裡的股票出現虧損，就一心希望它能反彈到自己的成本價以上解套，殊不知市場是不會記住你的成本價的，如果不能及時順應市場變化整理自己的操作，就會越陷越深，直至虧損嚴重。

關於停利，這裡不做過多講解，因為停利主要建立在分析預判基礎之上，這需要綜合投資者的知識、經驗、交易技巧。

下面重點講解幾種停損策略，供投資者參考。

1. 基本面突然轉變時

當企業突然出現重大利空消息，例如，大幅虧損、重組失敗、股權被凍結等，足以改變企業原來良好的基本面消息時，雖然當日跌幅極大，甚至可能出現跌停，但這樣的幅度不足以釋放個股的中長期風險。對於持有這樣個股的投資者來說，第一時間停損賣出是較為合理的決策。

2. 跌停板出現時

跌停板是一種較為極端的價格波動，它反映市場真實的多空力量對

比，蘊含的市場含義是空方力量占據壓倒性的優勢。若此時個股正處於高位區或盤整後的跌破點，則其中短期的下跌力道往往是極強的。因此，應注意及時停損離場，避免虧損進一步擴大。

3. 停損幅度的設定

停損幅度，即買進後的下跌幅度。停損幅度的設定並沒有固定規則，如果以5%、10%、20%這種固定的標準來設定，顯然難以適應多變的市場，也無法結合個股的走勢特點。一般來說，在設定停損幅度時，要結合個股的走勢特徵，以及考慮持倉的比例。

從個股走勢特徵來看。對於那些上下波動幅度較大、股性較活躍的個股，不妨將停損幅度設定大一些。這些個股即使出現短期大幅下跌，與判斷不符，但隨後的反彈走勢可能會不錯。可以逢反彈時再賣出，沒必要在短期下跌後的最低點虧損賣出。

對於波動幅度較小、股性不夠活躍的個股，停損幅度應設定得小一些。這類個股一旦開始向與預期相反的方向運行，往往就是一種趨勢的開始。此時，若不及時賣股離場，就會越套越深，損失慘重。

從持倉情況來看，如果只是輕倉買進價值型個股，且估值狀態合理，那麼只要個股沒有利空消息，基本面沒有明顯改變，沒必要在突然大幅下跌時停損。因為這類個股在市場回穩後，一般都會在業績支撐下出現價值回歸。

從另外的角度分析，這類個股中短期內的大幅下跌往往會醞釀強勢反彈。由於倉位輕，在低點適當補倉，博取反彈行情也未嘗不可。但是，如果全倉或超過半倉持有此股，那麼及時停損就很有必要。因為我們看到的企業基本面只是靜態的，而且我們認為的「低估」狀態也帶有主觀成分，個股也許會偏離市場。

在市場偏弱時，有業績支撐的個股出現持續、大幅下跌也是十分常見，不能因為業績不錯就不忍離場，一旦被套牢將十分被動。

4. 型態跌破與假突破時

型態跌破與假突破是交易中常遇到的兩種情況，它們也對應著兩種

技術性停損方法，投資者應該有所瞭解。型態跌破可以是趨勢性的，例如在長期震盪整理之後，價格向下跌破震盪區的支撐位，且無立即收復之勢，預示新一輪的下跌走勢。

另外，也可以是局部的K線組合方式，例如在短期的強勢上漲中，突破出現了長陰線或連續小陰線的組合，打破原有的連續陽線性強勢上漲型態，預示短期上漲的乏力。只要識別出型態跌破，宜在第一時間停損離場，避免走勢進一步下跌，造成更大幅度的虧損。

對於型態跌破，特別應注意高位震盪區的波段操作。在高位盤整震盪區或是下跌途中的整理走勢中，很多投資者喜歡在震盪低點買進，這樣的位置有支撐，會有不錯的反彈空間。只要控制好倉位，這種交易模式沒有什麼問題。但是，也應做好停損的準備，當個股回檔至震盪區的下沿支撐位後，也可能跌破下行，而不是如預料的反彈上行。

假突破是個股先強勢上漲，隨後突然轉勢的一種運行格局。假突破常出現在相對高位區，往往與主力資金的誘多出貨操盤行為有關。很多投資者喜歡追漲出現突破型態的個股，但這要承擔更多的風險。

假突破走勢很常見，一旦發現個股在突破後無力繼續上漲，出現了轉勢型態，此時即使虧損，也應在第一時間停損離場。

在高位盤整震盪區或是下跌途中的整理走勢中，很多投資者沒有耐心，往往實施短線抄底策略，希望可以透過個股的小幅反彈來賺取短線差價。只要控制好倉位，這種交易模式沒有什麼問題。

此外，也應做好停損的準備，畢竟當個股下跌至箱體的下沿後，也有可能跌破下行，而不是如預料的那樣反彈上行。如果不懂得停損，這種短線投機操作將帶來很大的損失，很可能出現「一次錯誤而損失掉此前獲利總額」的情況。

6-2 為了獲取高報酬，選股須考量成長性、股本及題材

除了純粹的技術面選股之外，在選擇個股時還可以從成長性、股本大小、題材等方面考慮。估值狀態或主營業務相近時，自然是那些成長性更好、股本較小的個股更具上漲潛力。

本節側重講解中期選股策略，不過多關注短期波動，因為短期波動主要是從技術面加以預測，而中期走向才是選股時考慮的重點。

「成長性」選擇策略

從成長性來看，企業成長潛力大的，也有成長潛力小的。成長潛力大的企業多屬於有技術、資源、人才等優勢，有著較強的市場競爭能力，但市場占有率還不夠高，規模也不是十分龐大的企業。這樣的企業如果發展好，就有希望成為行業中的佼佼者，成長空間大，這類企業的股票可以稱為成長股。

成長股多出現在市場開拓能力強、主營業務能力突出、行業前景廣闊的中小企業之中。這類企業的業績可以在未來較長的時間實現高速增長，而且這種增長是一種複合方式的增長。

成長股也是最能展現股市造富效應的一類股票。一般來說，如果企業能在未來３年內保持平均20%以上的業績增速，就可以將其稱為成長股。衡量企業成長性時，可以採用一些財務指標。下面僅列舉一例直觀地展示成長股的中長期走勢。

A股市場中，典型且著名的成長股之一當屬貴州茅台。基於近年來大眾消費升級及強烈的品牌效應，貴州茅台的成長性十分突出，幾乎每年都能實現營業額及利潤的增長，而且其成長性十分穩定、確定，由此

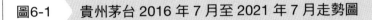

圖6-1　貴州茅台 2016 年 7 月至 2021 年 7 月走勢圖

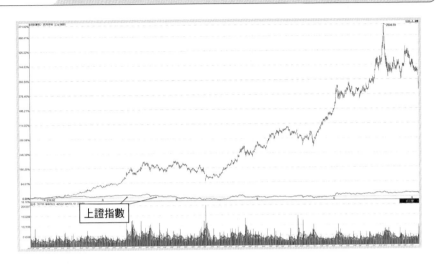

也獲得了眾多基金的青睞。在業績不斷增長的同時，也獲得了資金的大舉介入，累計漲幅十分驚人。

　　圖6-1是貴州茅台2016年7月至2021年7月走勢圖。這是此股近5年的全景走勢，疊加了同期的上證指數，可以看到，在上證指數幾乎沒有上漲的背景下，此股的累計漲幅十分驚人。

　　雖然期間也隨著市場的低迷出現時間很長的中期整理，但回檔幅度遠不及之前的上漲幅度，且能夠再接再厲、續創新高。這種特立獨行的上漲格局主要源於業績的不斷增長，即企業的高成長性。

　　成長股除了不斷增長的業績可以支撐股價上漲，並位於高位的特點之外，還有一個突出的優勢就是有較高的估值。以貴州茅台為例，此股2016年的本益比在25倍左右，2021年2月時，其本益比則達到了70倍左右。

　　對於這樣一支股本龐大、行業潛力不突出的個股來說，這樣的估值充分反映出，投資者對個股未來成長性的強烈看好，因此個股能夠具有較高的溢價。但較高的估值也會帶來一定的風險，如果業績出現下滑傾向，或是業績增長不及市場預期，則中期的下跌空間將會極大。

圖6-2　中國銀行 2016 年 8 月至 2021 年 7 月走勢圖

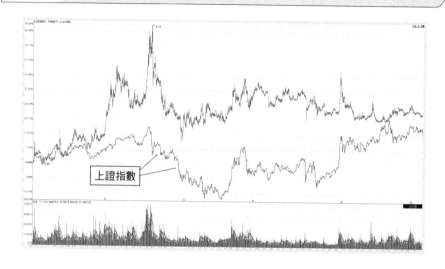

上證指數

　　與之相反的是另一類個股，業績雖然穩定，但成長性不足，這類個股的估值往往是逐步走低的。因為投資者看不到企業的未來成長空間，所以也沒有資金追逐。特別是在市場整體表現一般的大背景下，這類個股雖然可能有中期的強勁表現，但拉長時間跨度就會發現，個股很難跑贏大盤指數。

　　圖6-2是中國銀行2016年8月至2021年7月走勢圖。銀行股票是典型的績優股，每年業績穩定甚至略有增長，但它的長期走勢並不比指數強，而且其估值也在不斷下降。之所以如此，是因為它的成長性不被市場認可。

　　當本益比在10倍時，可能覺得它很低了，但由於市場低迷，沒有資金關注，本益比仍可以進一步下跌至5倍。銀行股的走勢也充分反映股市更關心預期，而不是當前。

「行業」選擇策略

　　依據行業選股，是一種十分重要的方法。行情前景好，獲得政策扶

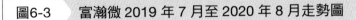

圖6-3　富瀚微 2019 年 7 月至 2020 年 8 月走勢圖

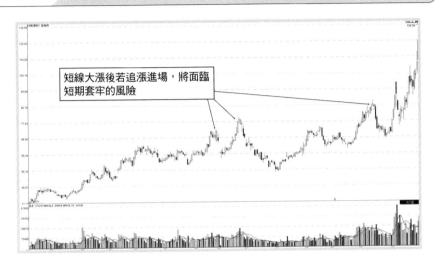

短線大漲後若追漲進場，將面臨
短期套牢的風險

持多，就會形成市場熱點，身處這類行業中的個股，也往往會成為場內
外資金重點關注的目標。那麼，哪些行業更有前景，更能夠獲得市場關
注？

投資者可以多關注政策面消息，特別是產業類政策。比如積體電
路、晶片製造、太陽能光電設備、氫能新能源等新興產業，頻頻獲政策
利多支撐，而其中的一些個股更是出現了數倍的上漲幅度。

圖6-3是富瀚微2019年7月至2020年8月走勢圖。該股在一年多的時
間裡，雖然股價多次經歷大漲大跌，但整體震盪上升的格局十分鮮明。
如果對比同期的上證指數，可以發現該股的走勢十分獨立，如此大的漲
幅並不是因為企業的基本面出現重大變化，主要是因為企業主營業務為
積體電路設計。

在這一年多的時間裡，晶片製造、積體電路行業是整個市場的熱點
所在，在業績增長與市場熱點的雙重助力推動下，該股的累計漲幅十分
驚人。

但是，在參與這類個股時也應注意，雖然這類個股的中長期累計漲
幅極大，但如果在短期漲幅較大時追漲進場，或將面臨短期套牢的風

險。因此，在把握進場時機方面，更宜在盤整後的突破啟動時，或是短期深幅回檔後的相對低點進場。

「股本」選擇策略

從總股本的大小來看，可以將個股份為大型股、中型股、小型股。雖然沒有精確的劃分依據，但通常來說，總股本數量在10億股以上的可以看作中盤股，小盤股多指總股本在1億股左右的個股。

股市是一個資金驅動型的市場，股本較小的個股，上漲時一般無須龐大的資金推動。翻看那些出現過連續漲停板走勢的個股，就會發現這些股票大多都有一個典型特徵：總股本不大，很少有總股本在10億股以上的。

這就提示我們在選擇個股時，要關注總股本。同樣質地、同樣處於相對低位區或突破啟動走勢中的個股，總股本相對較小的個股更具上漲潛力。

「題材」選擇策略

題材，主要是指市場當前的熱門題材，即可以引發市場資金關注的話題。正是因為題材，眾多資金才能夠形成匯聚效應，從而激發個股的大幅上漲。

題材可以是短期，也可以是中長期，一般來說，短期的題材多與上市公司的消息面有關，而中長期題材多與政策面消息有關。例如，有一項產業扶持政策提出，與其相關的受益股就會獲得主力資金介入，成為熱門題材股，短期表現強勢。

如果同類的利多政策陸續提出，那麼這個題材就能夠在中長期內獲得市場資金的大力關注，從而催生一些中長線牛股。又如，某些熱點事件（奧運會、世博會等）也能形成熱門題材效應，從而催生題材股。總之，可以引發市場興趣的「熱點」都是好的題材，成為主力在某一階段重點炒作的對象。

選擇題材股，就是選擇市場的熱點方向。市場熱點自然會吸引大量資金介入，個股強勢上漲較為可期，特別是在市場整體表現一般的時候，題材股往往會成為市場中最亮麗的風景線。

雖然題材股一般並沒有業績支撐，題材所能帶來的業績增長也十分不確定，但題材炒作的是市場關注度，是一種讓人憧憬的景象。因此，在參與題材股時，可以重點關注題材面是否正宗、技術面是否優異。只要企業之前沒有重大利空消息出現，當前也沒有大幅虧損，一般來說，不必過於關注基本面及業績情況。

如果一支個股的題材正宗，且主力介入跡象明顯，則這類個股一旦啟動，其漲勢往往十分淩厲，中短線的上漲幅度也十分驚人，很多題材股甚至出現了連續漲停板的走勢。

在實盤操作中，結合個股的中短期走勢及題材面來分析哪些個股有可能成為主力重點炒作的目標，是一種很好的操作策略。一旦發現個股的潛力較大，不妨在第一時間追漲買進。

對於具有持續熱度的題材來說，往往有一個醞釀、發展、加速的過程。在題材醞釀階段，由於市場上的題材類型繁多，很難確定哪種題材更具持續性，但隨著消息面的明朗，題材的持續性可以得到確認。

此時，不妨關注那些二級市場走勢已露出強勁勢頭，但累計漲幅不大的個股，因為這樣的個股往往是資金已布局介入的個股。隨著題材面的不斷發酵，個股的中期上漲潛力將很大。下面結合一個案例來講解題材股的選擇，把握介入的時機。

下頁圖6-4是美錦能源2018年8月14日至2019年3月18日走勢圖。此股在2019年3月之前就因為氫能源題材而顯著強於同期大盤，也強於同類題材的個股，但是此時的氫能源題材還只是市場的一種主觀判斷。隨著消息的明朗，氫能源這個熱門題材出現重大變化，有望成為挑選題材股的大熱點。

題材面的變化往往與政策方面的消息相關，特別是客觀經濟、民生等方面的政策提出，往往帶來題材面的變動。

對於一支總股本不大、前期走勢較強（資金介入跡象明顯）、累計漲幅相對不大的氫能源題材股來說，美錦能源的後期上漲潛力顯然很

圖6-4　美錦能源 2018 年 8 月 14 日至 2019 年 3 月 18 日走勢圖

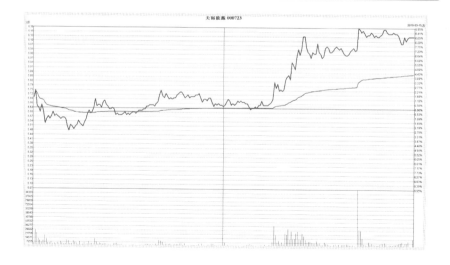

圖6-5　美錦能源 2019 年 3 月 15 日分時走勢圖

大。如果及時關注場內外消息面，那麼在2019年3月15日消息較為明朗且個股短期漲幅不大時，是較好的一個進場時機。

圖6-5為美錦能源2019年3月15日的分時走勢圖，這是在題材面相對明確時追漲買進的第一時機。如果當日沒能及時關注消息面的變化，那麼2019年3月18日出現的盤中大幅度回檔則是一個較好的進場時機。

雖然有短期追漲傾向，但由於題材的熱度十分可觀，且短期的漲幅尚可，當日盤中又出現大幅回檔，是可以適當參與追漲的，這是此股的第二個進場時機。

下頁圖6-6為美錦能源2019年3月18日分時走勢圖。這種開高走低、盤中深幅回檔但不連續跳水且尾盤能夠拉升的分時型態，常見於題材股啟動後，主力盤中快速洗盤的行為。

下頁圖6-7為美錦能源2019年1月至5月走勢圖。可以看到，在熱門題材的助推下，此股的漲幅、漲勢都十分驚人。

「龍頭股」選擇策略

龍頭股在類股中的漲勢、漲幅最淩厲，它是熱點類股的「旗幟」，也是帶動同類個股上漲的「領頭羊」。一般來說，當市場熱點出現後，能夠率先獲得主力資金的大力買進，從而出現飆升走勢的個股，可以稱為龍頭股。

龍頭股的概念很容易理解，就是同類股票中走勢最強的，可以是一支，也可以是幾支，這取決於市場環境，也取決於主力資金的投資風格。龍頭股在同類個股上漲時，衝鋒在前；在同類個股回檔時，往往也能表現相對強勁，其回檔的幅度與速度都小於同類個股。

當某一熱門題材出現或者某一類股表現較強時，隸屬於其中的哪些個股有望成為龍頭股？

一般來說，可以從股本、市場走勢、題材面等幾個因素著手分析。

1. 從股本的角度

能夠實現中短期大漲的，多屬於流通盤較小的個股，因為資金在拉

圖6-6　美錦能源 2019 年 3 月 18 日分時走勢圖

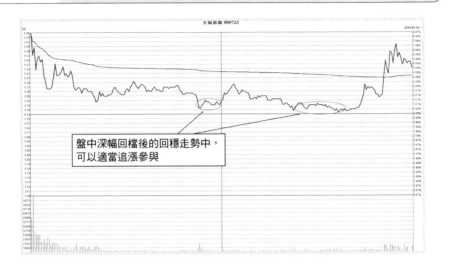

盤中深幅回檔後的回穩走勢中，
可以適當追漲參與

圖6-7　美錦能源 2019 年 1 月至 5 月走勢圖

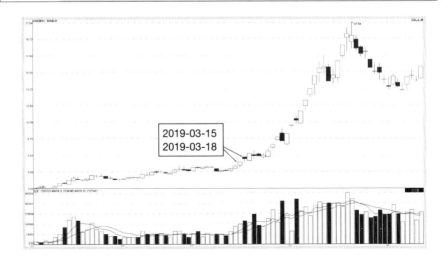

2019-03-15
2019-03-18

抬這樣的個股時更輕鬆一些。

2. 從市場走勢

龍頭股普遍誕生於那些前期沒有明顯炒作過、仍處於中長期低位蟄伏的個股，因為只有這類個股才有更為充裕的上漲空間，主力拉升至高位後，也才能更容易出貨。

3. 從題材的角度

龍頭股往往與熱門題材吻合，有的龍頭股甚至具有多種題材。主力在運作這類個股時，也可以結合市場熱門題材輪換運作，其上漲動力更充足。

此外，龍頭股的盤面特徵也值得關注。龍頭股很多是以漲停板做為啟動標誌，而且龍頭股在整個類股啟動時，往往是當日盤中封漲停板時間最早、封漲停板型態最牢靠的個股。

與龍頭股相對應的是「跟風股」。場內的資金往往重點追逐於龍頭股，而忽視跟風股。跟風股或由於題材不正宗，或由於流通盤較大，或由於主力介入力道較淺等，即使龍頭股出現了短期大幅上漲，它們也未必會有多好的表現。

而且，在追漲跟風股時容易出現高位套牢，因此一旦龍頭股出現短期回檔，跟風股跌幅往往更大，跌速也往往更快。

在實盤操作中，如果發現某個股具有以上龍頭股的一些特徵，那麼當其開始強勢啟動時，特別是有熱門題材助推時，不妨及時追漲買進。龍頭股啟動的時間更早、漲速更快，稍不留神，就可能錯過最佳追漲時機，這就需要有著敏銳的市場嗅覺掌握捕捉龍頭股的操作技法。

下頁圖6-8是山西焦煤2021年5月6日分時走勢圖。煤炭價格自2021年年初以來持續上漲，且在勞動節前後有加速之勢，因此山西焦煤在2021年5月6日出現突破型態，成為當日漲幅較大，在整個煤炭類股中較為強勢的龍頭品種之一。

下頁圖6-9為同類股中的另一支個股，是山西焦化2021年5月6日分

山西焦煤 2021 年 5 月 6 日分時走勢圖

圖6-9　　山西焦化 2021 年 5 月 6 日分時走勢圖

時走勢圖。對比兩支個股2021年5月6日前的K線走勢及當日的盤面表現，可以看出山西焦煤的走勢無疑更強，這是獲得資金介入的重要特徵。在中短線參與此類題材股時，山西焦煤這種在走勢上具有龍頭特徵的個股，顯然是更好的投資對象。

| 6-3 | 捕捉中短線交易的 5 種經典時機，操作波段賺足價差 |

不同的市場環境，不同的個股類型，不同的交易風格，都會讓投資者在把握交易時機時，有不同的想法。短線投資者往往「重勢不重質」，突破啟動的技術型態、消息題材觸發是更好的交易時機。中長線投資者往往重穩健，股價回檔到位、價值明顯低估時往往才是穩妥的進場時機。

本節結合案例講解短中線交易中較為經典的交易時機，可以做為實盤交易的有益補充。對於更多類型交易時機的把握，需投資者在實戰中不斷積累經驗加以完善。

👁️💲 強市與弱市的交易時機

強市與弱市，對應著上升趨勢與下跌趨勢，這裡主要是指股市的強與弱。強市也稱為牛市，是一個普漲的市場，大多數個股都處於上漲走勢中，只是有的漲幅較大，有的漲幅較小。強市也稱為牛市，是一個普跌的市場，大多數個股都處於下跌走勢中，有的跌幅較大，有的跌幅相對較小。

在強市中，好的進場時機比比皆是，因為這是一個以上漲為主基調的市場環境，一般會看到不同的類股在上漲時此起彼落。有些類股率先啟動，突破上漲；有些類股後程發力，強勢補漲。

因此，在強市中只要股市沒有出現短期快速上漲，沒有面臨較強的短期回檔壓力，就應採取相對積極主動的短線交易策略：關注個股，特別是走勢較強的個股。因為強勢股在牛市的配合下，往往會漲勢極好、漲幅極大。

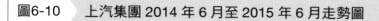

圖6-10　上汽集團 2014 年 6 月至 2015 年 6 月走勢圖

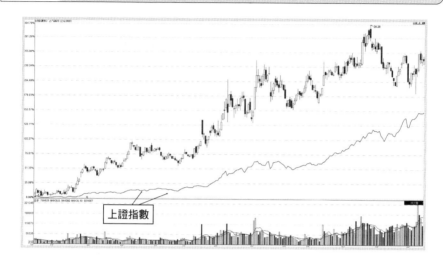

上證指數

　　從中長線的角度來看，應重點關注那些有業績支撐、市場資金介入跡象較為明顯的個股。在發現這類個股時，它們可能已有一定漲幅，但只要累計漲幅不是很大，則可逢其整理或短期回檔時適當買進布局，分享牛市繼續行進帶來的收益。

　　A股市場中的典型牛市格局並不常見，上一輪指數大幅度攀升出現在2014至2015年，大盤指數從2000點附近漲至5000餘點。當這種牛市格局出現時，尋找好的中長線股布局並耐心持有是較好的策略。

　　圖6-10是上汽集團2014年6月至2015年6月走勢圖。可以看到，該股的走勢明顯強於同期指數，而且個股的業績很好，是資金重點介入的個股。操作上，當個股出現短期回檔或整理時，只要股市的牛市格局仍在持續，就可以適當買進布局。

　　需要注意的是，隨著累計漲幅的加大，追高的風險也在增加。因此把握這類個股進場時機，需要正確地預判牛市格局的出現。

　　反之，弱市環境下的市場是一個典型的下跌市場，投資者更應注意規避風險，遠離那些前期炒作明顯、價格明顯處於高位區的個股。在把握買進時機時，以中短期超跌反彈為主。當個股隨著市場的一輪整理而

圖6-11　復興醫藥 2020 年 4 月至 8 月走勢圖

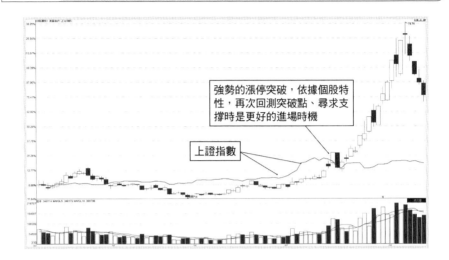

強勢的漲停突破，依據個股特性，再次回測突破點、尋求支撐時是更好的進場時機

上證指數

出現深幅下跌時，只要個股沒有明顯利空消息，那麼隨著市場的中短期回穩，個股多有反彈行情。

震盪市的交易時機

震盪市是一種橫向震盪的市場格局。查看大盤指數可以發現，絕大多數時間，指數都處於橫向震盪格局之中。因此，把握好震盪市的交易就顯得格外重要。

在震盪市中，個股常常出現兩類典型的走勢特徵，一類是個股走勢較為獨立，可能是獨立性走強或走弱；另一類是股價隨大盤上下波動，幅度大於指數。這也對應震盪市的主要交易策略：重個股，輕大盤。

從交易時機的角度來看，主要有兩種：一種是強勢股的啟動買進時機；另一種是個股寬幅震盪中的低買高賣時機。下面結合案例來看看第一種。

圖6-11是復興醫藥2020年4月至8月走勢圖。圖中疊加了同期的上證指數，市場處於震盪偏強的狀態，但並非牛市格局。該股在相對低位長

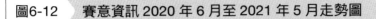

圖6-12　賽意資訊 2020 年 6 月至 2021 年 5 月走勢圖

期整理之後，強勢漲停突破，這就是典型的強勢股啟動訊號之一。

　　由於個股價格較高，且沒有突發利多消息配合，突然向上突破會產生較重的獲利賣壓，第一時間追漲進場易短期被套。操作上，逢個股再次回測突破點、尋求支撐時買進。

　　震盪市的另一種常見交易時機是：震盪區低點支撐位買進，震盪區高點壓力位賣出。這是一種結合指數波動、個股走勢的交易策略。但是在支撐位與壓力位的把握上，既要結合個股的強弱特點，也要結合市場實際運行情況。

　　圖6-12是賽意資訊2020年6月至2021年5月走勢圖。在同期大盤處於橫向震盪的過程中，個股因為股性更活躍，上下震盪幅度也更大。圖中畫出了該股的支撐線與壓力線，當價格隨市場的一波回檔而接近支撐位時，是較好的波段進場時機；反之，當價格隨著市場的一波回升而接近壓力位時，就應該減倉或清倉了。

　　實盤交易中，由於個股的波動幅度更大，因此在把握進場、出場時機時，不必過於嚴格。可以透過倉位的調度，實施分批買進或分批賣出的方法，來取得更好的效果，並控制風險。

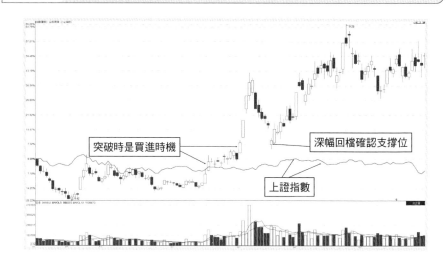

圖6-13　　山西焦煤 2021 年 1 月至 7 月走勢圖

突破時是買進時機

深幅回檔確認支撐位

上證指數

景氣循環股的循環築底時機

景氣循環股主要指那些處於週期性行業中的個股。週期性的行業有很多，常見於科技含量不高、同業競爭比較明顯的行業之中，例如化工類行業、資源類行業、農產品行業等。這些行業可能因為政策面的整理、需求面的改變等，出現明顯的供求變化，進而影響行業進入週期循環的下一環節。

一種常見的週期性行業為資源類，其業績的好壞往往與原材料的價格直接連結。原材料一般以大宗商品的方式呈現，例如原油、有色金屬、農產品、鐵礦石、煤炭等。大宗商品包括三個類別，即能源商品、基礎原材料和農副產品。

由於經濟形勢起伏不定，大宗商品的價格波動幅度也極大，這對相關上市公司的業績構成明顯的影響，從而出現週期變化的特徵，這也將反映到股價走勢上。

圖6-13是山西焦煤2021年1月至7月走勢圖。做為一支大型股，它在市場整體橫向震盪的情況下，能夠走出獨立上漲行情，這與煤炭行業的

週期性特點密不可分。2020年，焦煤的價格一升再升，行業復甦特徵鮮明，進而帶動相關個股的大幅上漲。

對於景氣循環股來說，當行業進入復甦階段或剛剛步入上升階段時，是較好的買進時機。此時的個股從中長期來看，仍處於明顯的低點，但已有啟動跡象。操作上，可以耐心等待至突破時買進，或是在突破後的回檔確認支撐位時買進。

低位介入的交易時機

低買高賣，說來簡單，但做起來卻很難。因為當低點出現時，投資者往往受市場的影響，仍會進一步看跌後市。那麼，該如何把握低位進場時機？

一般來說，一是要結合趨勢運行情況，二是要結合個股基本面與走勢特徵。當市場處於急速下跌行情時，即典型的熊市格局，不宜主觀臆測低點，因為市場處於恐慌情緒推動之中，中短期跌幅、跌速都很可能超出預期。應耐心等待市場回穩，再做打算。

對於個股來說，基本面是急速下跌後能夠出現反彈，或降低交易風險的重要保障之一。如果個股因重大利空消息或出現下市預期而急速下跌，這樣的個股不宜參與。

除了以上兩方面之外，可以結合市場波動與個股走勢特徵來把握低位區買進時機。常見的低位買進時機有中長期的低位整理區、突破後的回測支撐位、震盪區的箱體低點、震盪上升中的回檔低點、短期深幅下跌後的超賣低點等五種。

除了第一種屬於中長線買進布局時機外，其餘的均屬於中短線買進時機。下面結合一個案例做簡單說明。

下頁圖6-14是華域汽車2021年1月至4月走勢圖。該股自高點出現一波持續下跌，股價從30元附近跌至22元附近，跌幅極大，這種下跌並非源於利空消息，而與同期大盤走勢較弱，但該股處於高位有關。

因此，這屬於大盤帶動下的短期超賣低點，伴隨著大盤走勢的回穩，有望迎來反彈。在操作上，是否短線買進，還需要結合技術面來分

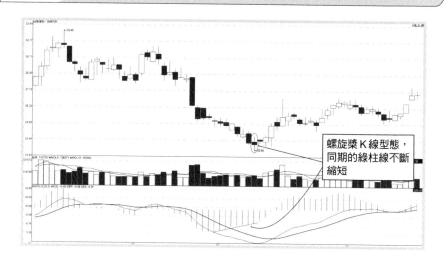

| 圖6-14 | 華域汽車 2021 年 1 月至 4 月走勢圖 |

析。

　　圖6-14中標注了低點的螺旋槳K線型態，與同期的綠柱線不斷縮短的組合，標誌著多空力量對比格局正快速轉變，是短線進場訊號。

追漲介入的交易時機

　　追漲並不是盲目追漲，也不是高位區追漲，做為短線的買進時機，追漲也是一種重要的手段，它主要出現在那些低位區整理充分的個股上。這類個股一旦與熱門題材吻合或資金早已提前布局，在突破啟動後，往往不會回檔，直線上漲，中短期的漲幅、漲勢十分驚人。

　　但這類情況給投資者的買進時間也十分短暫，只能在漲停板啟動的第一時間或漲停板次日追漲進場。下面僅從技術面的角度，結合一個案例來看看如何把握追漲進場時機。

　　圖6-15是錦江酒店2020年3月至8月走勢圖。該股在相對低位區出現了長期的盤整走勢，隨後出現突破，可以看到，第一次突破時的成交量較大，表明市場的獲利賣壓較重，若非有明顯的熱門題材助推，很難在

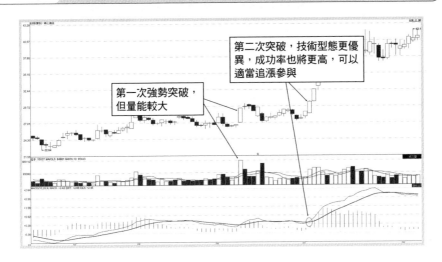

圖6-15　錦江酒店 2020 年 3 月至 8 月走勢圖

突破之後繼續強勢上漲。操作上，不宜第一時間追漲進場。

　　在突破點附近強勢整理一段時間後，個股再度以一根大陽線型態實現對盤整區的突破。此次的突破有著更好的技術型態，獲利賣壓也隨著近期的整理而得以釋放，使得突破當日的量能相對溫和，而且MACD指標於0軸附近出現黃金交叉型態。綜合來看，此次突破後繼續上漲的機率較大，可以適當追漲參與。

6-4 如何調度倉位能擴大獲利？現金為王、累進加碼……

兩軍對壘，指揮官要懂得調兵遣將。一次投入過多的兵力，在沒有把握的情況下，可能遭遇徹底失敗；一次投入的兵力過少，往往又難以取勝，沒有實質性效果，股票交易的原理與之類似。

倉位調度其實就是資金管理，過於激進和過於保守的資金管理方案都不可取。股市的生存機制表明，追求利潤最大化者終究要被市場淘汰，成功的投資者是不斷地擴展利潤，而非追求利潤最大化。

採用好的倉位調度方法，可以在儘量規避風險的同時，享受成功交易帶來的利潤，本節將介紹幾種常見的倉位調度策略。

「現金為王」策略

金融市場中，機會永遠都存在，但是當機會出現時，如果因股票被套、前期虧損而手中沒有現金，只能無奈作罷。

「現金為王」也許不能算是一種策略，它是投資者都應遵守的一條交易原則，即在沒發現好的交易機會時，不要輕易出擊。一定要重視本金的安全，不能看著這個股票漲停就想追漲，也不能看著那個股票短期回檔幅度較大就想抄底。當沒有較大的把握時，持有現金才是最好的選擇。

現金為王策略與「危機投資法」有相似之處。其基本思路是，在投資或投機市場處於正常狀況時，決不進行任何投資活動，只將錢存入銀行，坐享穩當的利息收入。耐心等待時機，決不可心急，當股市循環到谷底，市場中的每個人都對這個市場悲觀失望，看不到市場有任何起色時再參與。隨著時間的推移，一旦牛市來臨，利潤將十分豐厚。

此外，也要注意，持有現金而不參與市場交易的策略，具有一定的主觀性，因為它只有在投資者看不到明顯機會時才採用。股市中的機會比比皆是，但投資者受限自身的知識、經驗、技術，只能把握其中極少的一些機會。換句話說，投資者要結合自己的實際能力，來把握何時交易、何時持有現金。

「累進加碼」進場策略

累進加碼也稱為金字塔加碼，是利用資金布局個股時的一種好方法。當投資者的大方向判斷正確後，第一筆交易就產生利潤，但是第一次買進或賣出的資金較少，投資者可以在趨勢明朗時，再逐步加碼。

累進加碼法是一種比較保守、逐步擴大戰果的交易策略。塔威爾斯的《商品期貨遊戲》對資金管理這個問題有一番精彩的議論，把保守的交易風格推崇為最終取勝之道：「……甲交易者成功的把握較大，但是其交易作風較為大膽，而乙交易者成功的把握較小，但是他能奉行保守的交易原則。從長期來看，實際上乙交易者取勝的機會可能比甲更大。」

保守的交易風格在提示投資者，在首次實施一筆交易時，絕不能全倉介入，特別是在抄底時。為了避免出現「抄底抄在半山腰」的不利局面，實施累進加碼策略十分重要。因為投資者在預測趨勢反轉的時候，帶有較強的主觀性，而且市場的運行有著極強的不確定性。

累進加碼法主要適宜於操作那些處於中長期低位區的個股，這些個股或許仍在探底走勢中，或許已經開始露出趨勢反轉訊號。

接下來，以牛市為例，說明累進加碼方法的應用。假設某投資者在A點買進，剛好買在底部，接著行情開始上漲，投資者認為這輪漲勢才起步因此不急於套利。又在次高點B點再次買進加倉，當行情漲至C點，認為不過是這輪漲勢的中間點，於是再次加碼擴大戰果，臨近頂部才完全清倉，獲利出局。

正確應用累進加碼法有三點是必須要注意的。

1. 獲利時才加碼。因為獲利時加碼是屬於順勢而行，順水行舟。

2. 不能在同一個價位附近加碼。

3. 不要採用倒金字塔式加碼。即加碼的分量只能一次比一次少，這樣才能保住前面的收益。如果加碼分量一次比一次重，很可能會造成一次加碼錯誤就使以前的收益都損失掉，甚至出現虧損。

「累進減碼」離場策略

累進減碼正好與累計加碼相反，指個股漲至高位區後，當個股隨後的上漲走勢開始變得不明朗時，不妨逐步減倉離場。首次減倉的數量不妨少一些，就實際情況來看，能賣在頂部的機率是極小的。隨後，個股若再度上行，則可適當增加減倉的倉位，直至最終清倉離場。

「分散投資」交易策略

分散投資有兩層含義：一是時機分散，二是類股分散。透過這兩種分散投資的方法，可以有效規避股市中潛藏的個股及系統性風險。所謂的系統性風險，指大盤暴跌帶動全體股票下行，或是類股暴跌帶動局部個股下行。

類股分散是將資金分別布局於不同種類的股票上，可以有效規避個股因突然利空消息出現的巨大風險，也可以避免某一類股票的同向趨勢帶來的風險。

時機分散則是指由於人們很難準確把握股市行情的變化，有時甚至會出現失誤，因此在投資時機上可以分散進行。

6-5 統整 8 個重點，讓 MACD 交易系統發揮優越戰力

　　股市交易講究策略，本章前面的幾個小節對此進行了專題講解。這些策略性的內容涵蓋選股、選時、資金管理等多個方面，但是在具體應用這些策略時，關鍵還在於對市場、對個股的分析及預測，而且主要是從技術面的角度著手展開。

　　例如，關於擇時，需要分析趨勢；關於「低位區介入」，需要具備較強的技術運用能力。

　　前面各章節已經較為詳細講解MACD指標的分析技術，本節以概括、總結的方式回顧前面各章內容，讓讀者加深對MACD交易技術的理解，並鞏固前面的學習內容，建構一個完善的MACD交易系統。

0 軸的趨勢分割，把握市場強弱

　　0軸在MACD指標中扮演著趨勢分界線的角色。指標線在更多的時間位於0軸之上，這是漲勢，或者是市場整體較強的標誌；反之，則是跌勢，或者是市場整體較弱的標誌。

　　利用指標線與0軸之間的整體位置關係，以及位置關係發生的變化，可以更好把握市場強弱，進而為中短線交易提供重要參考依據。

　　下頁圖6-16是廣譽遠2020年11月至2021年6月走勢圖。該股在前震盪過程中，MACD指標線絕大多數時間都運行於0軸上方，這是該股走勢較強的訊號，也是多方力量整體占優勢的標誌。正是在這種市況下，才催生隨後的強勢上漲行情。

　　股價的上下波動，會造成MACD指標線偶然向下跌破（或向上突破）0軸，但這不是多空力量轉變的標誌。一般來說，在觀察指標線與0

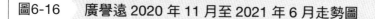

圖6-16　　廣譽遠 2020 年 11 月至 2021 年 6 月走勢圖

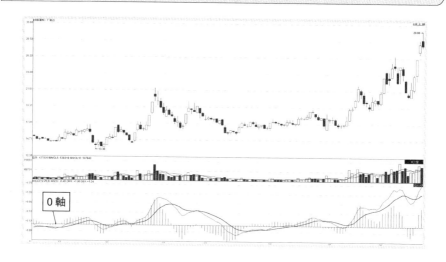

軸的位置關係時，還要結合價格所處位置區來綜合分析，這樣可以更準確地預測後期的趨勢發展方向。

⊙ 遠離 0 軸後的引力，短期見頂築底的訊號

在MACD指標的短線交易技術中，應該關注指標線與0軸之間的距離。一般來說，當指標線離0軸較近時，價格走勢最具彈性，強勢時有較為充裕的上漲空間，弱勢時則有較大的下跌空間。

但是，當指標線已經向上或向下明顯遠離0軸後，就應留意價格走勢的階段轉向，因為0軸對於MACD指標線有著較強的「引力」。

如果短期的上漲（或下跌）走勢十分凌厲，需提前預測指標線的轉向，因為價格往往在高點（或低點）不停留即轉向。如果短期的上漲（或下跌）相對穩健，則可關注DIFF線的型態變化，當DIFF線出現走平跡象，表明其有向下（或向上）交叉DEA線的傾向，往往對應著短期高點（或低點）的出現。

圖6-17是魯信創投2020年4月至8月走勢圖。在一波很強勢，但不十

圖6-17　　魯信創投 2020 年 4 月至 8 月走勢圖

一波強勢上漲後，
DIFF 線開始走平

分淩屬的上漲後，MACD指標線遠離0軸，隨後到短期高點，可以看到DIFF線明顯走平，這就是一個短期見頂的訊號。

交叉型態的反覆驗證，把握價格反轉空間

　　MACD指標的黃金交叉型態是上漲訊號，死亡交叉型態是下跌訊號。但黃金交叉（或死亡交叉）型態能夠預示多大的反轉空間？在MACD指標交易系統中，不妨透過黃金交叉（或死亡交叉）的反覆出現來把握價格的反轉空間。

　　一般來說，當指標線位於高位，而此時又能夠出現至少兩次的死亡交叉型態，可視為隨後回檔空間較大的訊號，也常常預示中期趨勢的轉向下行。反之，當指標線位於低位，而此時又能夠出現至少兩次的黃金交叉型態，則是隨後回升空間較大的訊號，也常常預示中期趨勢的轉向上行。

　　下頁圖6-18是新鋼股份2021年1月至6月走勢圖。該股處於穩健的震盪上漲行情中，第一次出現死亡交叉時，雖然指標線位於高位，但它只

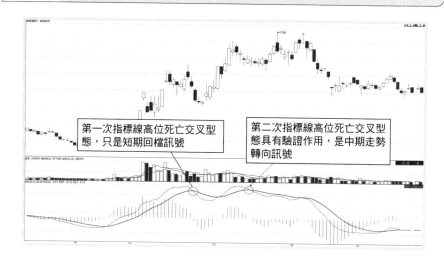

圖6-18　　新鋼股份 2021 年 1 月至 6 月走勢圖

預示短期的回檔，且回檔幅度不大。如果依據這個死亡交叉型態實施賣股操作，顯然有失準確，因為忽視了趨勢的運行動力。

　　但是，隨著價格的進一步上漲，當指標線再次於高位區出現死亡交叉型態時，情況就有所不同。因為兩次出現的高位死亡交叉型態可以相互驗證，準確地揭示空方力量整體轉強的情況，也是趨勢或將進入頂部的訊號。在實盤操作上，此時更應注意風險，進而實施減倉或清倉離場的策略。

DEA 線的支撐與壓力，顯示買賣訊號

　　對於震盪行情，DEA線對DIFF線的支撐或壓力作用，是把握買賣時機的重要訊號之一。

　　一般來說，在上升趨勢或下跌趨勢不顯著的格局中，當DIFF線因價格走勢的一波上漲而回升至DEA線附近時，DEA線具有壓力作用，也預示短期的回檔走勢。

　　當DIFF線因價格走勢的一波下跌而回檔至DEA線附近時，DEA線

圖6-19　魯銀投資 2020 年 5 月至 9 月走勢圖

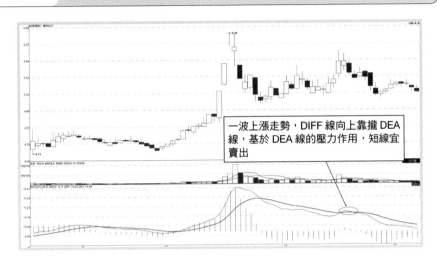

> 一波上漲走勢，DIFF 線向上靠攏 DEA 線，基於 DEA 線的壓力作用，短線宜賣出

具有支撐作用，也預示短期的回升走勢。在DIFF線靠攏DEA線的過程中，如果價格的回升（或回檔）幅度較大，則DEA線的壓力（或支撐）作用將更為明顯。

圖6-19是魯銀投資2020年5月至9月走勢圖。該股在高位區出現深幅回檔，隨後陷入震盪之中，這打破原有的上升型態。此時可以結合DEA線的壓力或支撐作用，來把握震盪中的高低點。從中可看到，一波短線上漲使得DIFF線向上靠攏DEA線，這時的DEA線將發揮壓力作用。操作上，應短線逢高賣出。

此外，還可以結合DEA線的支撐或壓力作用，來把握震盪區的築頂或築底情況。例如，在相對低位區震盪之後，個股突破上漲，這可能是反轉，也可能是反彈，錯誤的判斷必然導致錯誤的倉位調度。此時，可以結合DEA線對DIFF線的支撐及壓力作用來分析。

如果在反彈後的高點，DEA線對DIFF線的再度上漲形成強大壓力，則多預示著此波上漲的性質為反彈，應減倉或清倉；反之，則可以持有觀望。

| 圖6-20 | 東方集團 2020 年 2 月至 8 月走勢圖 |

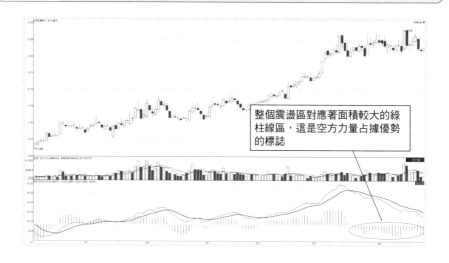

整個震盪區對應著面積較大的綠柱線區，這是空方力量占據優勢的標誌

柱面區的明顯變化，預測趨勢控制倉位

在趨勢走向陷入震盪或整理階段時，此位置區可能是反轉區，也可能是中繼區。利用柱線面積的變化，往往可以預測趨勢發展方向，進而控制倉位。

例如，如果在整理走勢中出現較大面積的綠柱線區，這是空方力量明顯增強的訊號，隨後的價格走勢向下是大機率事件，應清倉或減倉。反之，整理走勢中若出現較大面積的紅柱線區，則多預示隨後或有突破上漲行情出現，可以買股或適當加倉。

圖6-20是東方集團2020年2月至8月走勢圖。從中長期型態來看，該股處於良好的上漲走勢，但高位區出現橫向震盪，這是築頂？還是中繼整理？僅從K線型態來看，震盪中並沒有股價重心下移的情況，空方力量沒有轉強跡象，上升趨勢似乎仍未見頂。

但這只是趨勢運行的表面現象，如果查看同期MACD柱線的變化，會發現，此震盪區對應著連續的綠柱線，震盪區對應著較大面積的綠柱線區。結合個股前期累計漲幅較大的情況來說，空方力量已經開始轉

圖6-21　新華傳媒 2021 年 3 月至 6 月走勢圖

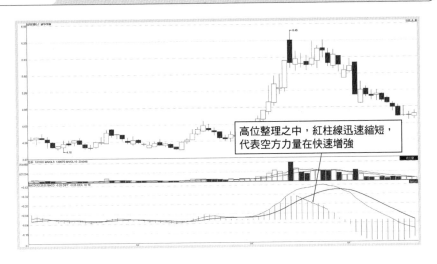

高位整理之中，紅柱線迅速縮短，
代表空方力量在快速增強

強，並占據一定優勢，趨勢反轉的機率較大。操作上，應注意高位築頂風險，實施清倉或逐步減倉的交易策略。

柱線的快速伸縮，抄底逃頂重要指標

MACD指標中，柱線最靈敏，它往往走在價格之前，是短線交易中抄底逃頂重要交易技巧指標。柱線的變化主要有兩種：紅柱線伸縮、綠柱線伸縮。

紅柱線伸長代表多方進攻，是上漲標誌，應持股；當紅柱線放得較長，股價短線上漲幅度較大時，要注意紅柱線是否開始縮短，因為這往往是短線見頂訊號。

綠柱線伸長代表空方進攻，是下跌標誌，長綠柱線開始縮短時，價格下跌放緩，但下跌走勢引發的恐慌情緒往往更強烈。因此，綠柱線開始縮短時在很多時候並不是抄底訊號，特別是價格走勢總體下行的背景下，要等到股價回穩後再決定。

圖6-21所示為新華傳媒2021年3月至6月的股價走勢。在一輪強勢上

漲之後，股價在相對的高位區開始橫向震盪整理，可能代表多方在為新一輪上漲蓄力，也可能預示中短期見頂的空方力量在累積。此時，MACD柱線的變化方式可以做為重要的判斷依據。

在上頁圖6-21中，可以看到這個區間的紅柱線正快速縮短，代表多方力量迅速減弱，空方力量快速增強，預示震盪後的價格走向朝下的機率更大。操作上，應注意規避風險。

此外，也會有紅（綠）柱線伸縮不明顯的情況出現，這種型態多出現於趨勢穩健行進中。在柱線短期伸縮不明顯，且股價漲跌不急速的情況下，更應結合趨勢運行實施交易，不應依據柱線的伸縮情況，展開短線操作。

柱峰與短線走勢，留意紅綠柱峰的出現

柱峰的出現代表短期內的價格波動十分劇烈，且幅度極大。相對來說，紅柱峰出現後，價格易出現短期快速回檔；而綠柱峰出現後，則往往仍有一個慣性下跌，但幅度一般不會過大。

利用柱峰型態展開交易時，判斷紅柱峰的出現與賣出時機，有著較高的即時性，持股者宜在第一時間採取操作。判斷綠柱峰的出現與買進時機，則具有一定的滯後性，投資者宜在綠柱線不斷縮短過程中，且有其他短線回升訊號予以配合時，才實施操作。

圖6-22是上海機電2020年8月至2021年3月走勢圖。在綠柱峰出現後，應在綠柱線縮短過程中，結合K線型態把握進場時機。

指標鈍化，小心黃金交叉的假訊號

指標鈍化也稱為指標失靈，這種情況常出現在指標進入明顯的高位區（或低位區）時，是投資者運用MACD指標實施交易時，應重點注意的情況。

一般來說，當指標線進入明顯的高位區後，由於指標線有向下回檔至0軸的傾向，此時發出的買進訊號易出現失靈，例如指數高位區的黃

圖6-22　上海機電 2020 年 8 月至 2021 年 3 月走勢圖

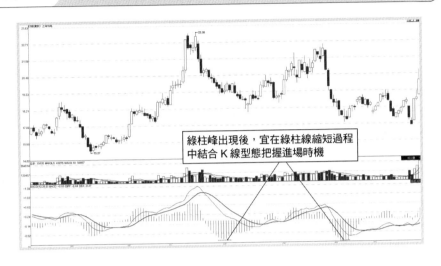

綠柱峰出現後，宜在綠柱線縮短過程中結合 K 線型態把握進場時機

圖6-23　寧波中百 2021 年 3 月至 7 月走勢圖

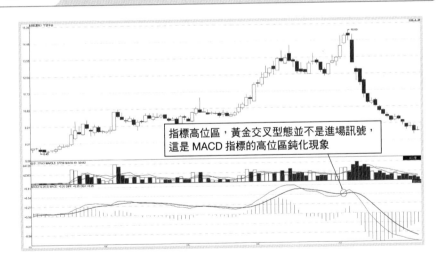

指標高位區，黃金交叉型態並不是進場訊號，這是 MACD 指標的高位區鈍化現象

金交叉型態、DEA線支撐型態等。

當指標線進入明顯的低位區後，由於指標線有向上回升至0軸的傾向，此時發出的賣出訊號易出現失靈，例如指數低位區的死亡交叉型態、DEA線壓力型態等。

上頁圖6-23是寧波中百2021年3月至7月走勢圖。該股在相對高位區的一波突破走勢中，出現MACD指標的黃金交叉型態，但顯然不能做為買進的訊號，因為此時的MACD指標處於明顯的高位區，而黃金交叉型態將再度推升指標線向上遠離0軸，與指標線有向下靠攏0軸的傾向正好矛盾。

從後來的運行情況來看，這個黃金交叉型態沒有保持住，隨後馬上就轉變為提示賣出的死亡交叉型態。如果忽視指標的鈍化現象，依據這個黃金交叉型態實施買股操作，則將承擔高位區被套牢的風險。

NOTE   /   /   /

NOTE

/ / /

國家圖書館出版品預行編目（CIP）資料

用一本書詳解實戰 MACD 交易技術：透過 150 張圖，投資
新手學會 85% 勝率指標，增加賺錢機會／韓雷著.
--初版. --新北市：大樂文化有限公司，2024.09
224面；17×23公分. --（Money；61）

ISBN：978-626-7422-51-9（平裝）
1. 股票投資　2. 投資技術　3. 投資分析

563.53　　　　　　　　　　　　　　　　113012996

Money 061

用一本書詳解實戰MACD交易技術

透過150張圖，投資新手學會85%勝率指標，增加賺錢機會

作　　者／韓　雷
封面設計／蕭壽佳
內頁排版／楊思思
責任編輯／黃淑玲
主　　編／皮海屏
發行專員／張紜蓁
財務經理／陳碧蘭
發行經理／高世權
總編輯、總經理／蔡連壽

出 版 者／大樂文化有限公司（優渥誌）
　　　　　地址：220 新北市板橋區文化路一段 268 號 18 樓之1
　　　　　電話：（02）2258-3656
　　　　　傳真：（02）2258-3660
　　　　　詢問購書相關資訊請洽：（02）2258-3656

香港發行／豐達出版發行有限公司
　　　　　地址：香港柴灣永泰道 70 號柴灣工業城 2 期 1805 室
　　　　　電話：852-2172 6513 傳真：852-2172 4355

法律顧問／第一國際法律事務所余淑杏律師
印　　刷／韋懋實業有限公司

出版日期／2024年10月29日
定　　價／320元（缺頁或損毀的書，請寄回更換）
I S B N／978-626-7422-51-9

大樂文化